DémocratIA

Collection *Le Monde en soi*
créée par Denis Lafay

www.editionsdelaube.com

ISBN 978-2-8159-5929-2

Denis Lafay

DémocratIA

« Une époque formidable 2023 »
au révélateur de l'IA

avec

Laurent Berger, Laurence Bertrand Dorléac,
Boris Cyrulnik, Jean-François Delfraissy,
Serge Guérin, Claire Hédon, Gaspard Kœnig,
Titiou Lecoq, Asma Mhalla, Anthony Passeron,
Charles Pépin, Salomé Saqué, Cédric Villani

éditions de l'aube

Avertissement

Il est possible que les étapes de « contrôle humain » des textes sous la signature de l'IA aient laissé passer quelques inexactitudes, voire contresens. C'est le propre d'une telle expérimentation, inédite, sans autre filet qu'un travail humain par nature faillible… lui aussi ! Que les débatteurs nous pardonnent ces possibles zones grises, « parties prenantes » de l'expérience.
C'est pourquoi nous invitons les lecteurs à juger par eux-mêmes du contenu réel des débats, et donc de la traduction synthétique produite par l'IA.

Retrouvez l'intégralité des débats sur
https://une-epoque-formidable.fr/

et sur YouTube
#uef

Introduction
Demain, à quoi vais-je servir ?

Denis Lafay

« Tout est-il politique ? », questionnait malicieusement la neuxième édition du forum « Une époque formidable », qui s'est tenue le 2 octobre 2023 dans l'écrin du théâtre des Célestins de Lyon. Nous connaissons la réponse. Elle est évidemment affirmative lorsque « politique » désigne l'organisation de la cité, la possibilité pour chacun de trouver sa place et d'exercer un rôle dans la société. Trouver sa place signifiant être acteur. Mais avant d'être un acteur *dans* la collectivité, un acteur *de* la démocratie, il faut se construire, c'est-à-dire accéder à l'émancipation, à l'autonomie, au discernement critique, à la liberté – de penser, d'imaginer, de créer, d'exprimer. À ce que la philosophe Cynthia Fleury nomme l'individuation, et qu'un autre grand fidèle de « Une époque formidable », le généticien Axel Kahn (1944-2021) rendait inséparable du *principe de réciprocité* : « J'existe, parce qu'à mes yeux vous êtes, parce qu'à vos yeux je suis ». *Principe de réciprocité* auquel le philosophe spinoziste Robert Misrahi (1926-2023) conditionnait même l'éveil au bonheur – dans *Petit manuel de bonheur à l'usage des entrepreneurs... et des autres*[1], il encense le « concept, fondamental, de réciprocité », puisque le bonheur certes

1. Robert Misrahi, *Petit manuel de bonheur à l'usage des entrepreneurs... et des autres; dialogue avec Denis Lafay*, La Tour-d'Aigues, l'Aube, 2020.

résulte de l'estime de soi et d'une joie de vivre intérieure, mais aussi se nourrit de « la reconnaissance de sa valeur par autrui et de la reconnaissance, par soi, de la valeur d'autrui », ouvrant alors la voie à « la satisfaction de vivre un bonheur commun ». L'articulation de l'individualité et de la communauté des destins, voilà ce que depuis 2015 l'événement « Une époque formidable » cherche à déchiffrer.

Oui, bousculer les consciences, malmener les certitudes. Aider à arbitrer avec doigté entre *s'adapter* et *résister* – les plus optimistes ne croient qu'en l'adaptation, les plus sceptiques ne jurent que par la résistance ; au-dessus d'eux flotte le poison de la résignation et de l'abdication, or les deux camps ne sont pas les expressions antinomiques de la colère mais, au contraire, ensemble, mâtinent la solution. Inviter à progresser dans le sens d'une éthique exigeante et d'un « exercice responsable de la responsabilité »… au final, marcher dans le sens du sens ; la neuvième édition de « Une époque formidable » a particulièrement honoré ce mantra. De 9 heures à 19 heures, les philosophes Gaspard Kœnig, Xavier Pavie et Charles Pépin, les essayistes Titiou Lecoq et Salomé Saqué, l'historienne de l'art Laurence Bertrand Dorléac, les spécialistes des nouvelles technologies Aurélie Jean et Asma Mhalla, le mathématicien Cédric Villani, le sociologue Serge Guérin, l'alpiniste Sophie Lavaud, le professeur de médecine Jean-François Delfraissy, l'ex-syndicaliste Laurent Berger, la défenseure des droits Claire Hédon, le neuropsychiatre Boris Cyrulnik, l'auteur Anthony Passeron se sont succédé sur la scène pour débattre. Débattre de féminisme, de jeunesse, de démocratie, de Big Bang technologique, de droits et de devoirs, de passé, d'art, de sida, de performance.

Débattre avec conviction, mais dans le respect ; débattre avec foi, mais dans la nuance ; débattre sans négliger le droit au doute, le compromis, la pédagogie ; débattre en décloisonnant les domaines d'expertise, en soutenant la transdisciplinarité, en stimulant le dialogue entre les savoirs. Ainsi débattre crée un pont, une rencontre entre des opinions divergentes dans la considération de ceux qui les expriment. Tendre la main à la pensée distincte, ce n'est pas renier ou affadir la sienne, c'est la mettre à l'épreuve pour qu'elle progresse. Débattre, c'est prospecter l'inconfort et l'inhabituel, entrer en questionnement, voire en conflit avec soi, c'est se placer en situation de recomposer sa propre conviction à l'écoute de celui, de celle qui vient la bousculer. La pensée divergente n'est pas hostile, elle est la liberté de penser autrement. « Débattre pour ne pas se battre », définit avec raison le philosophe des sciences Étienne Klein, autre fidèle de « Une époque formidable ». Débattre donc, pour penser non pas contre l'autre, mais contre soi. Oui, c'est ça débattre. Et débattre, « ça s'apprend », comme l'illustre Lucile Gaultier de Carville, étudiante à l'École des hautes études internationales et politiques (HEIP) dans les coulisses de son dialogue avec Salomé Saqué.

Et c'est la condition pour revitaliser la démocratie, moribonde. La polycrise planétaire (climatique, sociale, (géo)politique, économique, religieuse), les orages qui s'accumulent et enténèbrent la civilisation infectent chaque démocratie domestique. La France n'y échappe (évidemment) pas. Or le mode électoral projette déjà le débat public, le débat politique, en 2027 alors que tant de sujets critiques réclament une mobilisation démocratique sensée, adaptée, apaisée.

Quelques jours avant la tenue du forum, je passais la journée à Montpellier chez Edgar Morin, « pilier historique » de « Une époque formidable ». La première crise à laquelle il fut confronté fut celle de 1929 – il avait alors 8 ans. « Jamais je n'oublierai, et aujourd'hui personne ne doit oublier, qu'elle fut le germe de la doctrine nazie et de quinze ans de barbarie », me confiait-il alors que nous disséquions ensemble le verbe débattre, que nous explorions les conditions *régénératrices* et *salvatrices* du débat. Débattre en riposte à la société liquide conceptualisée par son confrère sociologue et philosophe Zygmunt Bauman (1925-2017), cette société vaporeuse, insaisissable, sans amarre ni engagement, cette société – « archipélisée », pourrait commenter l'analyste politique Jérôme Fourquet – de l'individualisme et du consumérisme, cette société qui réifie. Cette société que les bouleversements technologiques, intelligence artificielle en tête, promettent à un autre adjectif que liquide : gazeuse, peut-être. Débattre pour (s')élever au rang d'acteurs de la cité, de bâtisseurs d'une démocratie colorée, de sentinelles du réveil, de perforateurs de la nuit, d'éclaireurs d'une humanité réhumanisée ; voilà à quoi *sert* « Une époque formidable ».

Je relis ces derniers paragraphes, et deux items me frappent de nouveau : *intelligence artificielle* et *Edgar Morin*. Deux « réalités » qu'a priori rien ou presque ne peut lier. D'un côté l'intelligence mécanique, technologique, matérielle aux *propriétés éternelles*, aux limites invisibles, qui semble avoir surgi il y a quelques années (en réalité dans les décades 1950-1960) et n'entamer que maintenant son travail de colonisation – des consciences, des comportements, des organisations – ; de l'autre, une intelligence humaine qui a cultivé pendant un siècle d'histoire les *propriétés éphémères* d'une fraternité, d'une expertise, d'un combat lumineux. Edgar avait accepté de parrainer le premier numéro de *La Tribune Dimanche* (8 octobre 2023) et donc, en septembre, me dévoilait ses aspirations pour ce nouveau journal dominical appelé à *ouvrir*, *stimuler*, *enrichir*, *honorer* le débat – quand quelque titre concurrent faisait le choix de l'*idéologiser* et de l'incarcérer dans la doctrine ultraconservatrice et antagoniste.

De retour de Montpellier, j'échange avec Benoît Raphaël (cofondateur, avec Thomas Mahier, de Flint, la société spécialisée que j'ai choisie pour « publier » les débats de « Une époque formidable » via les outils de l'IA) et Manon Viard (directrice générale des éditions de l'Aube). Notre réunion porte sur la préparation du projet, acté quelques semaines plus tôt. Je décide, comme un test, de soumettre aux machines et au savoir-faire de Benoît la matière brute recueillie chez Edgar, puis de comparer nos restitutions respectives – pour des raisons professionnelles, affectives et éthiques, il est à mes yeux inconcevable de ne pas accomplir ma « part ». Je l'avoue : j'ai émis l'idée, puis me suis rétracté par peur, avant de surmonter celle-ci et finalement d'initier la *battle*. Quelques heures plus tard, je rends « ma » copie. Elle « est ce qu'elle est », mais ma connaissance de la pensée d'Edgar, l'expérience de nos nombreux dialogues, la publication de livres qui ont concrétisé notre complicité intellectuelle et humaine consolident ma confiance. Nos échanges correctifs le confirment. Le soir même, Benoît me communique « son » manuscrit. Au préalable, il a intégré dans sa « machine » des éléments d'informations intellectuelles, sémantiques, stylistiques sur « la pensée d'Edgar » qu'il a puisés dans une sélection de tribunes ou de podcasts. Cette copie est intéressante, elle est présentable, mais *objectivement* ne rivalise ni dans la forme ni dans le fond. L'issue me rassérène, et je partage mon soulagement avec ma fille aînée (spécialiste de marketing digital) elle-même rassurée que la plus-value, et même l'*utilité* professionnelles de son père ne soient pas contestées.

À mon réveil le lendemain matin à 5 heures, je découvre une seconde version. Benoît l'escorte de quelques précisions ; il n'était pas satisfait de la première mouture, il a alors déployé d'autres outils et les a enrichis d'informations supplémentaires, puis a produit cette nouvelle interprétation. Laquelle, *objectivement*, est d'un autre niveau. Elle n'est plus aussi « mécanique » que la première, elle est plus fluide et structurée, elle a intégré des altérités qu'Edgar et moi partageons, elle a répandu des « morceaux de pensée » empruntés ailleurs et qui, une fois irrigués dans l'objet de notre rencontre, peuvent trouver leur place. J'ose la locution : *cette version pourrait être humaine*. L'intelligence artificielle et l'intelligence humaine semblent se confondre, inextricablement.

Bien sûr, cette nouvelle copie est imparfaite. Elle ne respecte pas le calibrage imposé, des tics lexicaux l'entravent, elle manque de liant, quelques formulations sont plaquées… mais une fois « toilettée », nettoyée de ces carences, est-elle davantage perfectible que la mienne ? Toutes deux ne sont pas comparables – les angles ne sont pas sélectionnés similairement, les spécificités retenues sont distinctes, les choix sont par nature uniques – ; mais si je les soumets à un panel de lecteurs, qu'adviendra-t-il de leur jugement ? Ai-je la certitude que ma version convaincra davantage ? *Objectivement*, non. Même mon libre discernement et ma libre créativité, qui, ici, sont le *choix* des mots et des formulations que j'emploie, sont le *choix* des aspérités puisées dans les souvenirs de mes rencontres avec Edgar, sont le *choix* d'idées personnelles que je dissémine dans la théorie de mon ami… bref, même ce que je croyais être une singularité inextinguible est mis en rivalité, fait l'objet d'une adversité redoutable.

Spontanément, je me refuse à relire cette copie artificielle, je me souviens blêmir, presque tituber, la surprise est étourdissement, l'étonnement est séisme. Je chavire à la perspective, spectrale, que déjà l'IA pourrait « créer » *ex nihilo* une tribune d'Edgar. J'entame alors l'une de mes pires journées professionnelles. Car aussitôt jaillit LA question : dorénavant, à quoi vais-je servir ? Quelle sera ma plus-value, mon utilité ? Plus encore : ma raison d'être *professionnelle* ? Et même : ma raison d'être ?

Comme pour m'assurer que la guillotine a exercé son œuvre jusqu'au bout, j'exhume le malaise que j'avais éprouvé au printemps alors que je me rendais une nouvelle fois dans le bureau du professeur Jean-François Delfraissy ; j'achevais la composition du livre *Un médecin au front*[1], fruit de trois cents heures d'entretiens et de rédaction, et m'interrogeais : si j'y avais recouru, l'IA m'aurait assuré un gain de temps, et donc une *économie* de temps – si cardinale à l'ère de l'obsessionnelle *profitabilité du temps* – considérables. En revanche, *jamais* elle n'aurait pu restituer la confiance, l'humanité, les silences, les confidences, les failles, les hésitations, les mystères sédimentés pendant les quatre-vingt-dix heures de face-à-face, les yeux dans les yeux, une partie d'entre elles dans l'intimité de sa maison et de sa terre du Cantal. *Jamais*, pensais-je, ignorant alors les

1. Jean-François Delfraissy, avec Denis Lafay, *Un médecin au front*, Paris, Seuil, 2023.

vertigineux attributs de l'IA. Quatre mois plus tard, sur ce malaise alors insaisissable, je peux diagnostiquer des maux précis, des symptômes incontestables. Une origine *objective.*

*

Considérer l'IA en général et l'IA « générative » en particulier, c'est en effet la regarder, l'ausculter avec *objectivité.* En se dépouillant de l'arrogance, de la fatuité, de la vanité derrière lesquelles instinctivement on se réfugie pour fuir la peur, pour conjurer les cauchemars qu'inspire l'irruption d'une rivalité prête à nous ensevelir. L'objectivité, mais aussi le courage et l'audace sont les conditions pour continuer d'exister *avec elle* – l'éventail des activités (recherche, prévention et pratique) médicales en tête, qui profiteront de l'IA est immense –, *face à elle*, *contre elle* au gré des circonstances. Contre elle ? Les situations ne manquent pas. Petit florilège (non exhaustif).

L'IA est censée libérer de l'espace, du temps et de la liberté pour que l'intelligence humaine, pour que *les* intelligences humaines (analytique, créative, émotionnelle, situationnelle) s'émancipent, échappent à l'aliénation. Elle serait donc un outil de stimulation de l'intelligence des hommes. Or ce qui semble préfigurer, c'est davantage l'emprisonnement des consciences dans des silos idéologiques et commerciaux savamment élaborés, c'est l'asservissement des intelligences humaines à l'intelligence artificielle. Et qu'adviendra-t-il de l'intelligence humaine si « un jour » l'intelligence artificielle se hisse au statut de conscience ?

L'IA dicte impérativement que chaque citoyen soit informé, éclairé sur sa réalité et ses déclinaisons. Cet apprentissage devrait débuter à l'école, pour sensibiliser et préparer les enfants à une puissance de feu intégrée aux écrans, aux jeux vidéo, aux sites de consommation et bientôt au métavers qui ont commencé leur œuvre d'abrutissement; or ni les enseignants ne sont formés au sujet ni l'Éducation nationale n'a pris la mesure de l'enjeu.

L'IA expose les relations sociales à la dévitalisation et à la standardisation, à l'obsession du chiffre, de la quantification et du classement. Ce nombre et ce calcul totémiques, qui lui sont consubstantiels, lui confèrent de propulser plus haut et plus loin encore le *dogme utilitariste* et les mécanismes de la marchandisation – lesquels n'ont pour ultime limite que quelques matières immatérielles, en premier lieu l'âme.

L'IA livre les relations humaines à la déshumanisation. Le directeur des ressources humaines d'un groupe multinational confie que l'IA générative est censée « résoudre » 70 % des doléances, des préoccupations des salariés. En matière de recrutement, les sources d'optimisation sont considérables. *Officiellement*, elles favorisent la diversification des process et des profils, *en réalité*, elles peuvent accélérer leur uniformisation, marginaliser, voire disqualifier les personnalités aux potentiels « hors norme ». Un brillant jeune ingénieur en parcours de recherche chez un constructeur aéronautique raconte avoir patienté jusqu'à la cinquième étape avant de rencontrer, physiquement, un interlocuteur. Les professionnels des ressources humaines jubilent du nombre exponentiel de candidatures reçues; mais au final il n'y a toujours qu'un seul gagnant, et donc une cohorte toujours plus nombreuse de perdants. Quant aux gains que l'IA secrète dans les RH, à quoi sont-ils affectés: à embaucher plus largement, à améliorer l'architecture organisationnelle, à réintroduire de l'humain dans les rouages ? Non, d'abord à réduire davantage encore les coûts pour enchérir le résultat d'exploitation.

Et pour illustrer ces propriétés et « pouvoirs » par un exemple, la *performance* est idoine. L'IA la met à l'honneur dans toutes ses facettes, y compris les moins honorables : la performance qui hiérarchise les Hommes ; celle qui traque l'aléa et l'altérité, l'imperfection et les failles ; celle qui chasse l'imprévu, le mystère, ou le *droit de ne pas chercher à comprendre ou à savoir* ; celle qui cimente l'individu dans son intérêt personnel contre celui du collectif ; celle qui discrimine et récompense les portefeuilles capables de se l'offrir.

Etc.

Les centaines de millions d'emplois et les milliers de métiers qu'elle promet d'éradiquer s'invitent dans une temporalité qui, cette fois, se retourne contre l'intérêt des fantassins de la marchandisation et de l'immédiateté. En effet, l'histoire de l'innovation a toujours mis en scène des ruptures qui laissaient – même aux plus vulnérables – le *temps de s'adapter* ; les bouleversements systémiques que produit la progression effrénée de l'intelligence artificielle condamnent ce *temps de l'adaptation*. Et corrélativement font naître de nouvelles inégalités sociales et l'assurance d'une société *autrement* cloisonnée, ségréguée, hiérarchisée – *autrement*, sauf lorsque ces nouvelles inégalités se juxtaposent sur celles déjà existantes et excluent définitivement une partie de la population, confinée au rang de « sous-population ». La violence d'une possible éruption serait alors indexée aux manifestations larvées, diffuses, plurielles de cette IA déployée sans « contrôle », ou plutôt sans maîtrise. Seule « équité » : *avant*, les prolétaires (mineurs, ouvriers) étaient les « variables d'ajustement » des transformations économiques et sociétales issues des innovations techniques ; aujourd'hui, aucun journaliste ou avocat, aucun banquier ou expert-comptable, aucune profession dite « intellectuelle » ne sont épargnés. La – juste – revanche des métiers manuels ?

À propos d'inégalités, celle que l'IA fera (et fait déjà) subir aux femmes est *particulièrement* inquiétante. Une étude de l'Organisation internationale du travail (OIT, août 2023) indique que les femmes seront *particulièrement* fragilisées par l'IA générative, car elles constituent une large majorité à occuper des emplois (de bureau notamment) *particulièrement* impactés par l'automatisation. Oui, elles seront *particulièrement* affectées, comme l'histoire le révèle chaque fois qu'une innovation de rupture dessine la modernité. Bien d'autres études positionnent les femmes à un rang miséreux dans la filière des nouvelles technologies ; en France, elles représentent 30 % des salariés, tous métiers confondus de la filière numérique, et en Europe 18 % des spécialistes des TIC – cette proportion s'atrophiant au fur et à mesure que la focale progresse dans la hiérarchie des responsabilités. Dans la Silicon Valley, au cœur de cette Californie emblème du progressisme égalitaire, 13 % des femmes accèdent à des postes de management dans les entreprises technologiques, et les entrepreneuses ne franchissent pas le seuil des 7 %. Le monde technologique, hissé par l'IA, a-t-il déjà exclu les femmes ?

Etc.

L'IA bouleverse le fonctionnement de la démocratie représentative, déjà salement abîmée. *Fake news* et *deep fakes* (hyper trucages vidéo), cyberempoisonnement, attaques virales fomentées de l'étranger, détournement des vérités politiques… autant d'artifices qui ont propulsé Donald Trump à la Maison-Blanche en 2016 et pourraient fort bien le couronner de nouveau en novembre 2024. Comme le démontre Asma Mhalla, les nouveaux paradigmes technologiques, IA en tête, « mettent fin à la démocratie telle qu'elle a été pensée jusqu'à maintenant ». Et il est probable qu'elle aggrave plutôt qu'elle colmate la crise de confiance, protéiforme, que les populations occidentales expriment à l'endroit des institutions qui charpentent l'espace démocratique.

Ce qu'incarne l'IA menace à d'autres titres les démocraties. Elle est un outil de compression et de contrôle des libertés individuelles et publiques – ce dont la Chine fait, sans vergogne, la démonstration. Les géants de la Tech, fascinés par ses leviers de *pouvoir* et de *recettes*, exercent sur l'autorité des États un rapport de force de plus en plus déséquilibré – nonobstant des liens de coopération parfois très étroits. L'organisation (commerciale, financière, géopolitique) du monde souffre déjà d'une gouvernance famélique : le cyberespace dans lequel prospèrent ces hyperpuissances est, lui, en panne de régulation. Certes des progrès sont accomplis (projet de réglementation européenne AI Act, « Frontier Model Forum » initié par Google, Microsoft, Anthropic et OpenAI pour penser des bonnes pratiques à même de contenir la dangerosité de l'IA), mais que pèsent-ils véritablement ?

Lorsqu'en 2022, Elon Musk (X, Tesla, SpaceX, Neuralink, etc.) refuse d'activer son réseau de satellites Starlink sur lequel l'armée ukrainienne s'appuie pour lancer une offensive de drones sur des navires de guerre russes, mesure-t-on le degré de dépendance d'une nation au pouvoir unilatéral – et aux caprices – d'un seul individu ? Surtout lorsque ce dernier fait état d'orientations idéologiques, de projets politiques et d'une imprévisibilité aussi vertigineux? Elon Musk et Mark Zuckerberg, P.-D.G. de Meta (Facebook, Instagram, WhatsApp, Workplace, Metaverse, et une constellation de participations dans des start-up dédiées au développement de l'IA), se lançant, au cours de l'été 2023, un défi sur un ring de MMA (*mixed martial arts*) ont fait rire… mais « jaune ». Car ce combat finalement avorté éveille une préoccupation aiguë : confier l'avenir du développement de l'IA, et donc un pouvoir considérable, à des personnalités (auxquelles il faut ajouter Bezos, Altman, Bankman-Fried) rongées par la folie des grandeurs et, chez certains, par une quête messianique et politique extravagante, interroge les limites de l'entrepreneuriat et cristallise des gouvernances d'entreprises dépourvues de contre-pouvoirs efficaces.

Etc.

Sur une planète géopolitique déjà minée, penser que l'IA contribuera à pacifier ou à réduire les écarts est un leurre. Elle est un arsenal redoutable des régimes politiques totalitaires, elle crée des tensions partout où l'extraction des matières premières nécessaires au développement de ses supports est sensible : la Russie produit 40 % du palladium, métal indispensable aux nouvelles technologies, le taïwanais TSMC est incontournable dans la production des semi-conducteurs, et la liste de ces imbrications est longue – certains coups d'État en Afrique, l'obsession du président chinois Xi Jinping pour Taïwan, y trouvent en partie leur origine. L'Europe et la France sont désarmées face à la bipolarisation États-Unis/Chine –, en réalité davantage fragmentée si l'on consulte le « potentiel » indien ou russe. La vulnérabilité des pays en voie de développement, en particulier ceux du continent africain, les expose à un assujettissement supplémentaire aux colons occidentaux et chinois au risque, sinon, d'une nouvelle paupérisation. L'IA est centrale dans les domaines de l'armement, du déploiement de satellites, de la conquête de l'espace ; elle modifie donc la géographie des rapports de force militaires et bouleverse les fragiles concepts qui fondent l'*éthique de la guerre* – notamment la proportionnalité des offensives, l'équité des armes mobilisées, l'« équilibre » du combat (homme à homme, technologie contre technologie).

Etc.

En mars 2023, les cadors de la Silicon Valley activaient la sonnette d'alarme et initiaient un moratoire appelant à suspendre pendant six mois les travaux de développement de l'IA. La raison ? Eux-mêmes s'avouaient dépassés par la vitesse avec laquelle les paliers d'innovation étaient franchis, et effrayés par des potentialités de développement faramineuses et incontrôlables. Évidemment, la véritable motivation n'était pas aussi limpide ; bien sûr le vœu ne fut pas suivi d'effets puisque la compétition planétaire n'autorise aucun répit – pour preuve de l'imposture, l'un des plus emblématiques signataires, Elon Musk, mettait cette parenthèse à profit pour rattraper son retard et concevoir sa propre IA générative, baptisée Grok, présentée le 5 novembre. Huit mois plus tard, ce même aréopage, élargi, s'isolait dans un manoir londonien, aux fins de penser un cadre, des frontières, et même l'équivalent du GIEC en faveur d'une IA expurgée des périls qu'elle exerce sur l'humanité. Là encore, point de révolution. Pour autant, la démarche acte la réalité d'une préoccupation profonde, sincère, et pose la question cardinale : le monstre a-t-il échappé à ses créateurs ?

L'interrogation démontre que l'intelligence artificielle figure dans le peloton de tête des sujets politiques les plus sensibles... et des enjeux qui irradient la société dans son entièreté. Pour preuve, elle a traversé toute la programmation de la neuvième édition de « Une époque formidable ». Outre les tables rondes dédiées, elle apparaît centrale dans le creusement des fractures intergénérationnelles, elle active la disqualification des populations les plus vulnérables victimes d'illectronisme, elle explore notre mémoire et donc influencera notre rapport au passé, elle bouleverse le pouvoir créatif, l'expression artistique et le marché de l'art (NFT), elle promet de substantielles avancées dans la recherche contre les pathologies infectieuses, elle redéfinit le mot *science*, elle jette dans les bras de groupes privés et de régimes despotiques une myriade de data personnelles, enfin elle coiffera la pratique même du « métier politique ».

L'IA est déjà *très présente*, bientôt elle sera *partout*. Certes, ChatGPT (pour n'évoquer que le plus populaire des chatbots) demeure perfectible ; mais les progrès enregistrés dans chaque nouvelle version ne laissent guère de doute sur son efficacité, peut-être même son infaillibilité prochaines. Comme toute innovation technologique, elle n'est en soi ni bonne ni mauvaise, elle est ce que *nous* faisons d'elle. *Nous* désignant *chacun* et *ensemble*, les professionnels de la filière et les citoyens. La *qualité humaine de l'humanité* n'incitant guère à l'optimisme, l'IA convoque en premier lieu le cheminement, le débat et l'arbitrage éthiques. Pour qu'à l'IA *générative* (il faut l'espérer), voire *régénérative* (on a le droit de rêver) ne s'impose pas l'IA *dégénérative* (à l'affût).

Etc.

Et cætera, comme pour rappeler ce que représente aujourd'hui la visibilité des métamorphoses initiées par l'IA et ici relatées ; elles tiennent dans une poignée de sable à l'échelle d'une plage. Une poignée de « sable noir » – investiguer les biais obscurs est la responsabilité du journaliste – que le lecteur est invité, par lui-même, à mêler aux portions – tout aussi réelles – de « sable doré ».

*

Écrire est un effort, une discipline, une rigueur. Écrire déploie le processus cognitif qui sollicite mémoire, souvenirs, émotions passées, qui fait jaillir l'idée née et enfouie pendant le sommeil. Écrire est un cheminement poétique, au sens où l'esprit *prend le temps* de vagabonder dans des territoires et de se perdre dans les méandres du mystère auxquels l'obsession de comprendre, le fantasme d'expliquer, la rage de rationaliser ou d'optimiser n'ont pas accès. Écrire commande d'imaginer, de transgresser, de s'égarer, de s'échouer ; écrire enjoint d'oser, de *faire des choix*. Écrire révèle la quintessence intellectuelle, émotionnelle, créatrice composée *dans soi* à partir d'*autour*. Écrire est une main, une parole, une passerelle pacificatrices, même lorsqu'elles crient, dénoncent, pleurent. Écrire est une désespérance, écrire est l'espérance. Écrire honore d'être imparfait : la plume vit, l'auteur est un être qui vit, tout texte est perfectible à l'image de son auteur, et c'est cette vulnérabilité qui permet au texte de vivre et (parfois) de provoquer une rencontre avec le lecteur. Écrire, c'est tant d'autres « choses » encore.

Écrire, c'est *être*.

L'IA porte en elle des germes inquiétants : chloroformer dans la paresse. Décourager – pourquoi *entreprendre* quand la machine *entreprendra* avec tant de performance ? Révéler et exhiber, de manière spectaculaire, nos compétences limitées, nos faiblesses, nos fragilités, et ainsi « nous » déprécier – « nous » : à nos yeux, et à ceux qui nous encerclent. Comment l'estime de soi et la confiance en soi peuvent-elles résister à une IA qui nous disqualifie même « là » où nous la pensions encore dans notre rétroviseur ? Ces germes sont ceux d'un puissant curare auquel *écrire* est vulnérable.

Or puisqu'écrire c'est *être*, *serons-nous* encore demain ?

Voilà quelques-unes des raisons, certaines justement d'ordre éthique, qui auraient dû me convaincre d'inhumer ce projet de livre. Mais plutôt que de me retrancher, plutôt que d'esquiver le séisme civilisationnel qui déjà s'impose à nous, j'ai préféré défier la peur et engager l'expérience. Un défi technique, un défi philosophique, un défi éthique. Que j'ai pu conduire en étant soutenu par un éditeur courageux (l'Aube), un média entreprenant (*La Tribune*), un partenaire technologique exigeant (Flint).

La procédure, quant à elle, est simple : la restitution des débats par Flint – Benoît Raphaël détaille la méthodologie p. 27 et partage sa propre « vision de l'IA » p. 167 – n'intègre pas l'étape de validation des contenus ; ceux-ci ont été livrés « bruts », puis sont passés au tamis d'une relectrice, Marine Collet. Elle a interrogé la source des données chiffrées, repéré les « morceaux d'information » générés spontanément par l'IA, repositionné les propos dans la bouche de celui qui les a réellement exprimés, retiré les guillemets des citations faussement attribuées. Chaque correction (factuelle, stylistique) qu'elle a effectuée, chaque interprétation qu'elle a contestée est indiquée en bas de page. L'intérêt et l'honnêteté de l'expérience étaient à cette condition.

« L'IA ? Cessons de la fantasmer, de la globaliser, de l'hystériser », proteste Asma Mhalla. « Elle est avant tout un objet de quelque chose au service de quelque chose ». Ce livre n'ambitionne pas de délivrer des réponses, il prétend fournir des indications, même modestes, sur ce double *quelque chose*.

Reste à élucider l'énigme : cette introduction, l'ai-je écrite ? L'ai-je rédigée seul ou aidé de l'IA ? Est-ce l'IA qui l'a intégralement composée après avoir décortiqué puis malaxé une large sélection de mes tribunes, de mes livres, de mes animations de débats ? Suis-je un imposteur ? Mystère. Et c'est bien ce mystère, ou plutôt l'hypothèse de cette mystification reproductible à l'infini des situations, qui fascine et horrifie.

Méthodologie

Benoît Raphaël

Les textes que vous allez lire ont été rédigés par une intelligence artificielle. Il ne s'agit pas de la retranscription de tables rondes, mais d'une interprétation par une machine de ce qui s'est dit lors du forum « Une époque formidable ». Comment avons-nous procédé ? En réalité, il s'agit d'une collaboration entre plusieurs modèles d'IA et des humains, lesquels étaient toujours dans la boucle.

Nous avons d'abord réalisé une transcription en texte des vidéos des tables rondes par un outil français appelé Noota. L'IA est capable de distinguer les différents intervenants, avec une marge d'erreur relative. Il nous a donc fallu corriger ces transcriptions (parfois l'IA avait compris un mot à la place d'un autre, ou se trompait d'interlocuteur). À partir de ce texte, il nous restait à demander à l'IA de rédiger un chapitre de livre par table ronde. Mais ce n'était pas aussi simple que nous le pensions.

Pour travailler sur de grands volumes de texte, ChatGPT n'est pas très efficace, parce qu'il a la mémoire courte ; dès qu'il écrit un certain nombre de mots, il oublie ce qu'il a rédigé avant ! Nous avons donc choisi le modèle concurrent, « Claude » de la société Anthropic. Ce dernier détient le record du monde de mémoire au pays des IA génératives : soixante-quinze mille mots. Le problème est qu'il nous a été impossible de lui faire écrire plus de… mille mots. Paresse artificielle ? Une des explications les plus probables est que ces modèles coûtent cher, et que leurs opérateurs limitent la longueur de leurs réponses. Il nous a donc fallu « bricoler ».

Nous lui avons d'abord demandé de réorganiser les échanges et d'imaginer un plan pour son texte. Nous l'avons ensuite fait écrire section par section, en suivant le plan que « Claude » avait imaginé, tout en puisant dans le texte initial. Dans quel style ? Nous l'avons défini laconiquement comme « journalistique et narratif ». D'où l'IA puise-t-elle son style ? Il faut l'imaginer comme un GPS. Elle dirige ses algorithmes vers les textes identifiés comme journalistiques et narratifs dans sa base de données. Et elle fabrique ensuite son texte à partir de ses prédictions. L'IA n'a pas de style propre ni de raisonnement. Elle compose de manière statistique et aléatoire à partir du travail fourni par les écrivains et journalistes (à leur insu), qu'elle a préalablement digéré. Ce qui lui donne généralement un style « moyen », puisqu'elle fait en quelque sorte la « moyenne » de ce qu'elle a identifié dans le territoire sémantique du style demandé. Pour obtenir un style plus original et une meilleure analyse, il faut souvent manœuvrer par petites touches afin de « faire sortir la machine de ses gonds ».

Toute la difficulté pour le copilote humain réside dans la construction et l'enchaînement de ses instructions (les fameux « prompts »). Il doit le faire avec suffisamment de subtilité pour que l'IA propose un texte original, mais sans inventer ni trahir les propos des intervenants en les simplifiant à outrance par exemple… Et ce n'est pas toujours simple. Comme ces modèles sont « autorégressifs » (c'est-à-dire qu'ils prédisent la suite de leurs propos par rapport au texte précédent), le contenu qu'ils proposent a tendance à se dégrader au fil des échanges. Et s'ils se trompent, il est souvent difficile de les faire revenir en arrière.

Les textes que vous allez découvrir ici ont été livrés bruts, et ont été simplement corrigés par l'éditeur, comme il le ferait pour n'importe quel auteur humain : vérifier la factualité des informations délivrées par rapport aux sources, et corriger les fautes. Mais sur ce dernier point, l'IA a un avantage substantiel : elle ne fait (presque) jamais de fautes d'orthographe !

Cette jeunesse qui nous veut du bien

Avec Serge Guérin et Salomé Saqué, animation de Mathieu Souquière

Que n'entend-on pas sur la jeunesse supposée démissionnaire, démotivée, désolidarisée, dépolitisée ? Outre que confiner à *une* jeunesse l'infini éventail *des jeunes* est ubuesque, cette caricature est une ineptie, s'accordent la journaliste Salomé Saqué (auteure de *Sois jeune et tais-toi ; réponse à ceux qui critiquent la jeunesse*, Payot, 2023) et le sociologue Serge Guérin, sociologue spécialiste des aînés et de l'intergénération. Mais alors, sur quels sujets, avec quelles méthodes, cette *minorité active* peut-elle exprimer une vision, une exigence, un militantisme qui dépassent son seul intérêt ? qui participent à redéfinir la démocratie ? qui réveillent les pratiques en entreprise ? qui colmatent (plutôt qu'ils n'aggravent) les fractures sociales et les lézardes intergénérationnelles ? Avec aussi l'intervention de trois étudiantes d'HEIP, Inès Cholet, Lucile Gaultier de Carville et Shani Pigeat.

D.L.

La jeunesse française va mal. Derrière les apparences, c'est toute une génération qui semble vaciller, minée par le doute et la précarité. Chômage, décrochage scolaire, troubles psychologiques… à l'aube de l'âge adulte, trop de jeunes se sentent esseulés, sacrifiés. Pis, le fossé se creuse avec le reste de la société. Entre incompréhensions et tensions, le dialogue semble rompu avec les autres générations. Le spectre d'un conflit ouvert entre jeunes et vieux refait surface. Telles sont les questions abordées dans cette table ronde avec la journaliste Salomé Saqué[1] et le sociologue Serge Guérin. Sans misérabilisme mais sans complaisance, il s'agit de brosser les difficultés des 18-30 ans, avant d'en explorer les ressorts profonds et aussi d'esquisser les contours d'une société réconciliée entre générations. Il est encore temps de rebâtir un futur commun.

« C'est dur d'avoir 20 ans en 2020 » : l'amère réalité de la jeunesse d'aujourd'hui

« C'est dur d'avoir 20 ans en 2020 », déclarait Emmanuel Macron au plus fort de la crise du Covid-19. Un constat amer sur la dureté de la condition juvénile

1. L'IA a généralement mentionné les intervenants en ne les nommant que par leur nom de famille. Nous l'avons corrigé tout au long de l'ouvrage.

qui n'a malheureusement pas perdu de sa véracité près de trois ans plus tard. Derrière la formule présidentielle se cache en effet le quotidien bien morose de millions de jeunes en France. Le premier débat[1] propose justement un état des lieux documenté[2] de la jeunesse d'aujourd'hui, de ses difficultés et de la précarité croissante qui la frappe. Car si « la jeunesse n'est qu'un mot » et recouvre des situations diverses, de profondes fragilités traversent une partie de cette classe d'âge, qu'il s'agisse de galères économiques, de souffrances psychiques ou de pertes de repères.

Une précarité économique galopante

Commençons par le principal motif d'inquiétude des 18-30 ans : l'emploi et les moyens de subsistance. Le constat est implacable : la précarité gagne du terrain chez les jeunes actifs. Selon l'INSEE, le taux de pauvreté des 18-29 ans était de 12 % en 2019, contre 8 % pour l'ensemble de la population[3]. Signe de cette paupérisation, 38 % des bénéficiaires des Restos du Cœur ont moins de 25 ans[4]. Ces

1. L'IA avait écrit : « Le premier chapitre de cet ouvrage ».
2. L'IA, ayant une tendance naturelle à l'autocomplétion, a pris la liberté, tout au long de son travail de synthèse des débats réalisé dans ce livre, de compléter le propos des intervenants de données chiffrées ou d'éléments non débattus. La majorité de ces éléments produits par l'IA ne sont pas sourcés de façon suffisante pour un ouvrage scientifique, mais nous les restituons dans leur intégralité pour l'honnêteté de l'expérience. Ces ajouts générés spontanément par l'IA seront mentionnés en note de bas de page.
3. Chiffres produits par l'IA et non débattus.
4. Lors du débat, Salomé Saqué a dit : « La moitié des bénéficiaires des Restos du cœur ont moins de 25 ans ».

difficultés économiques s'expliquent notamment par la dégradation du marché du travail. Ainsi, plus de la moitié des emplois occupés par les jeunes sont précaires : CDD, intérim, stages. Le taux atteint même 65 % chez les non-diplômés[1]. Résultat, de nombreux jeunes enchaînent les petits boulots et les phases de chômage, dans une grande instabilité professionnelle.

Cette précarité de l'emploi va de pair avec la précarité des revenus. On a aujourd'hui 52 % de jeunes en emploi précaire, contre 17 % en 1982, rappelle la journaliste Salomé Saqué. Sur le front du pouvoir d'achat, le SMIC représente environ 78 % du salaire médian en France, contre 85 % en 1980. Autre indicateur : le taux d'effort des jeunes pour se loger a doublé en vingt ans, atteignant 41 % de leurs revenus en 2017. Conséquence de cette fragilité économique : l'accès à l'autonomie résidentielle ne cesse de reculer. L'âge moyen de départ du foyer familial est passé de 21 ans en 1980 à 24 ans aujourd'hui. Un phénomène massif de « Tanguys », ces jeunes adultes contraints de rester chez leurs parents faute de moyens. Signe ultime de cette relégation, de plus en plus de diplômés doivent se résoudre à… retourner habiter chez leurs parents[2] après leurs études, une situation impensable il y a vingt ou trente ans[3].

1. Chiffres produits par l'IA et non débattus.
2. L'IA avait écrit : « papa-maman ».
3. Ce dernier paragraphe est une extrapolation de l'IA, ces données n'ont pas été mentionnées lors du débat.

Détresse psychologique galopante[1]

Au-delà du pouvoir d'achat, l'autre grande fragilité de la jeunesse actuelle tient à sa santé mentale, de plus en plus dégradée. Là encore, les chiffres sont sans appel : selon Santé publique France, pas moins d'un jeune sur cinq souffre de troubles dépressifs, soit trois fois plus qu'en 2017[2]. Cette détresse psychique s'est encore accrue avec la pandémie de covid et ses confinements répétés. « Il y a eu un effondrement de la santé mentale des jeunes pendant cette période », constate amèrement Salomé Saqué. Solitude subie, sociabilité entravée, cérémonies manquées… une partie de la « génération covid » garde des séquelles psychologiques de cette longue mise sous cloche sanitaire, génératrice de troubles anxieux ou dépressifs.

Au-delà du coronavirus[3], c'est aussi le sentiment du déclassement et la peur du lendemain qui rongent le moral des troupes juvéniles[4]. Le manque de perspectives positives joue comme un poison lent sur l'état d'esprit et l'estime de soi. Dès lors, le mal-être innerve la sociologie de la jeunesse contemporaine, des bancs de la fac jusqu'aux cités populaires. Avec parfois des drames humains : le suicide est aujourd'hui la deuxième cause de mortalité chez

1. L'IA reprend le terme « galopante », déjà utilisé dans la précédente sous-section.

2. Chiffres produits par l'IA et non débattus.

3. L'IA reprend la même formule qu'au paragraphe précédent pour débuter sa phrase.

4. Ici l'IA avait créé une citation de la journaliste : « "Aujourd'hui on a beaucoup plus de jeunes qui ont l'impression de vivre une malchance, de vivre à leur époque", note la journaliste. »

les 15-24 ans, après les accidents de la route. Sur fond de troubles psychologiques banalisés, parfois drainés dans l'alcool et la drogue[1].

Écoles : le malaise grandissant[2]

Troisième grand motif d'inquiétude chez les moins de 30 ans : l'école et les études. Loin des clichés sur des élèves fainéants et des étudiants désœuvrés, c'est bien la dureté du système scolaire qui éprouve aujourd'hui les jeunes générations. À commencer par la compétition acharnée pour décrocher le saint Graal du diplôme et de la filière d'élite. Car les inégalités se creusent entre une partie de la jeunesse qui réussit brillamment son parcours scolaire et universitaire, et tous ceux qui restent sur le bord de la route, victimes d'une orientation subie ou d'échecs à répétition. Dès le plus jeune âge, l'obsession des notes et le spectre du décrochage génèrent une pression énorme sur les épaules des élèves et de leurs parents.

Le mérite est-il toujours justement récompensé par l'institution scolaire ? La suspicion grandit chez une partie de la jeunesse quant à la reproduction d'entre-soi et de privilèges via les filières d'excellence. « Il y a des injustices réelles, mais il y a aussi le sentiment d'injustices, des gens qui sont persuadés que c'est impossible d'y arriver », note le sociologue Serge Guérin. Sur fond de manque criant de moyens, l'école française semble parfois à la peine pour

1. Chiffres produits par l'IA et non débattus.

2. Tout ce passage sur le malaise grandissant dans l'école est une extrapolation de l'IA. Ce qui a été abordé lors du débat est l'inquiétude des jeunes que leur formation ne leur garantisse pas un emploi.

accomplir ses missions émancipatrices. Résultat, près de 20 % des jeunes sortent du système scolaire sans diplôme, exposés à un risque majeur de chômage et de précarité. Quand elle ne décourage pas, l'institution use certaines de ses ouailles jusqu'à la corde. Avec des situations de burn-out ou de dépression de plus en plus fréquentes chez les étudiants surmenés. Le mal-être estudiantin, longtemps tabou, explose désormais au grand jour : en témoigne le suicide médiatisé d'Anas, 22 ans, en novembre 2019 à Lyon, qui avait échoué à plusieurs reprises en première année de médecine.

Incertitude et désenchantement

Au-delà de la sphère économique ou éducative, c'est plus largement le désarroi d'une génération qui perce à travers la détresse de la jeunesse contemporaine. Un désarroi face à un monde perçu comme profondément anxiogène. D'un côté, la peur du déclassement et d'un avenir bouché[1]. Là où leurs aînés bénéficiaient d'une forte croissance économique et d'un quasi-plein-emploi, les moins de 30 ans affrontent crises, précarité et concurrence accrue. D'un autre côté, l'effritement des grands récits structurants autour desquels s'ordonnait la vie sociale. Déclin des idéologies, discrédit des partis et syndicats traditionnels, individualisation des modes de vie… Les repères stables

1. Ici l'IA avait reformulé les propos de la journaliste : « "Les jeunes sont plus nombreux aujourd'hui à trouver l'avenir effrayant, à avoir des difficultés à se projeter", constate Salomé Saqué ». Elle avait précisément dit : « Ils sont plus nombreux également à juger l'avenir effrayant, à avoir des difficultés à se projeter. »

manquent à l'appel pour donner un cadre rassurant aux parcours individuels[1].

Dans ce brouillard, la tentation du repli sur soi guette certains jeunes désabusés. L'individualisme ambiant se traduit aussi dans la quête effrénée du plaisir immédiat[2]. Mais gare aux raccourcis : cet hédonisme de façade cache souvent un profond désarroi. Sous les dehors insouciants percent aussi des élans sincères d'engagement, sur des causes ponctuelles comme le climat ou des combats sociétaux. Signe que le désir d'agir collectivement n'est pas éteint, malgré le désenchantement ambiant. C'est tout le paradoxe de cette « génération covid » : à la fois déboussolée et assoiffée d'un sursaut collectif. Frustrée mais pas résignée. Et décidée à se battre pour améliorer son destin, en dépit des vents contraires.

Sacrifice sanitaire

La jeunesse d'aujourd'hui a beau exprimer sa souffrance, elle se heurte souvent à l'incompréhension du reste de la société. Le fossé se creuse avec les autres classes d'âge, sur fond de tensions et d'incommunication générationnelles croissantes. Pire, les discours stigmatisant les « jeunes » se multiplient dans l'espace public, alimentant préjugés et

1. Interprétation de l'IA.
2. Ici l'IA avait reformulé les propos de la journaliste : « "On a des visions stéréotypées avec la génération écran, obsédée par les réseaux sociaux. Mais il y a une part de vrai sur le côté individualiste", admet Salomé Saqué. » Elle avait précisément dit : « La première chose que vous diront absolument tous les sociologues, c'est qu'il n'y a pas une jeunesse, il n'y a pas une génération narcissique ou une génération climat ou une génération écran. »

amalgames. De quoi renforcer le sentiment de mépris d'une partie de la nouvelle génération, qui a le sentiment de payer un lourd tribut à la crise. La jeunesse d'aujourd'hui a beau exprimer sa souffrance, elle se heurte souvent à l'incompréhension du reste de la société. Le fossé se creuse avec les autres classes d'âge, sur fond de tensions et d'incommunication générationnelles croissantes. Pire, les discours stigmatisant les « jeunes » se multiplient dans l'espace public, alimentant préjugés et amalgames. De quoi renforcer le sentiment de mépris d'une partie de la nouvelle génération, qui a le sentiment de payer un lourd tribut à la crise[1].

C'est le covid qui a catalysé ce sentiment de rupture entre jeunes et moins jeunes. Avec le confinement strict du printemps 2020, c'est en effet toute la population active et les seniors qui ont été mis à l'abri, au prix d'un immense effort demandé aux plus jeunes[2]. En première ligne face au virus de par leurs métiers précaires et exposés, les moins de 30 ans ont aussi vu leur scolarité chamboulée et leur vie sociale mise entre parenthèses au nom de la santé publique. Le consensus sur ce « sacrifice » n'a pourtant pas duré. Dès le déconfinement, les critiques ont fusé contre la « jeunesse insouciante » pointée du doigt pour sa supposée imprudence sanitaire. Photos de quais bondés, reportages sur les

1. L'IA avait placé ce paragraphe dans une sous-section à part intitulée « Un dialogue de sourds entre génération » que nous avons fusionnée avec la suivante.

2. Ici l'IA avait prêté des propos au sociologue : « "On s'est tous enfermés, en particulier les jeunes, pour sauver les vieux et les personnes fragiles", résume le sociologue Serge Guérin. » C'est l'animateur Mathieu Souquière, dans un de ses enchaînements, qui avait mentionné, en d'autres termes, cette notion.

fêtes clandestines… les médias ont parfois surjoué la dissonance générationnelle[1]. Sommés de faire bloc derrière les « héros en blouse blanche[2] », les jeunes n'ont guère goûté ce deux poids-deux mesures, cette omerta sur leur propre désarroi. Le sentiment d'injustice n'a fait que croître face à l'inertie des pouvoirs publics[3]. Entre habitudes sociales bouleversées et galères économiques, une grande partie de la jeunesse garde le souvenir amer d'avoir été « sacrifiée » face au virus.

Écoanxiété versus climato-scepticisme

Autre divorce flagrant entre générations : la perception des enjeux climatiques. Là encore, les moins de 30 ans ont le sentiment que leur avenir est hypothéqué par l'inaction de leurs aînés, notamment des décideurs politiques. D'un côté une « génération climat » écoanxieuse, de l'autre des seniors accusés d'en faire trop peu. Les rapports du GIEC ne laissent pourtant aucun doute sur l'urgence à agir pour limiter le réchauffement. Mais c'est d'abord la jeunesse qui s'est saisie du sujet, via les marches pour le climat ou

1. Ici l'IA avait prêté des propos au sociologue : « "On n'a pas arrêté de montrer des jeunes qui font la fête en disant : ils ne pensent qu'à s'amuser !", dénonce Serge Guérin. »
2. Expression placée entre guillemets par l'IA mais qui ne cite personne.
3. Ici l'IA avait créé une citation de la journaliste : « "Il a fallu huit mois pour donner des aides à ces jeunes. On les a complètement oubliés", fustige Salomé Saqué. » Elle s'est effectivement offensée que l'État n'ai commencé à porter assistance aux jeunes précarisés par le covid qu'au bout de huit mois, mais pas en ces termes.

le combat médiatique de figures comme Greta Thunberg. Signe d'un véritable fossé : selon un sondage Ipsos, 65 % des 18-24 ans se déclarent inquiets du changement climatique, contre seulement 41 % des plus de 65 ans[1]. Cet activisme climatique des plus jeunes hérisse certains baby-boomers, prompts à dénoncer l'écohypocrisie de cette « génération bio » pourtant amatrice de voyages en avion et de smartphones[2]. Car l'urgence est là : un rapport de la revue *Science* estime qu'un jeune né en 2020 vivra sept fois plus de vagues de chaleur qu'un sexagénaire. D'où la responsabilité accrue des seniors aux commandes politiques ou économiques[3].

---

1. Chiffres produits par l'IA et non débattus.
2. Ici l'IA avait prêté des propos à la journaliste : « "On leur fait toujours le procès en disant qu'ils achètent des iPhone tout en étant écolos. C'est un peu facile !", s'agace Salomé Saqué. » Or cette notion appartient à Mathieu Souquière qui a précisément dit : « Donc on valorise la jeunesse et en même temps, c'est vrai qu'on a quand même tendance collectivement à la déconsidérer en alimentant des schémas de préjugés extrêmement puissants, entre une jeunesse qu'on considère totalement débile parce qu'elle est toute la journée sur son smartphone, une jeunesse dont on dit qu'elle est quand même très hypocrite parce qu'elle est soi-disant écoanxieuse et très engagée en faveur du climat, mais précisément, elle est toujours en quête d'un nouvel iPhone ou d'une dernière paire de Nike. »
3. Chiffres produits par l'IA et non débattus. Ici l'IA avait reformulé des propos de la journaliste : « "Les décisions qu'on prend aujourd'hui auront des conséquences irréversibles pour les générations futures", alerte la journaliste. » Elle avait précisément dit : « Les décisions qu'on est en train de prendre et qu'on a déjà prises vont avoir des conséquences totalement irréversibles », sans préciser « pour les générations futures ».

Catastrophisme versus volontarisme

Ces tensions générationnelles renvoient plus largement à deux visions du monde opposées. D'un côté, une jeunesse que le sociologue appelle « génération sacrifiée », tentée par un discours victimiste. De l'autre, des seniors qui prônent l'action collective pour un « destin commun ». Le risque est réel de voir prospérer un catastrophisme qui démobilisera encore davantage les jeunes[1]. Mais sombrer dans la sinistrose serait une erreur[2]. Plutôt que de stériles guerres de générations, ne faut-il pas créer les conditions d'un sursaut collectif[3] ? Seule une alliance des classes d'âge permettra d'envoyer un signal fort aux décideurs politiques et économiques.

Stigmatisation et amalgames

En attendant ce sursaut, force est de constater le fossé grandissant entre jeunes et moins jeunes. Fossé alimenté par une surenchère de discours stigmatisants sur la « jeunesse d'aujourd'hui », supposément fragile, radicale et ignorante. Réseaux sociaux, cancel culture, wokisme… la nouvelle génération cristallise les angoisses de celles qui

1. Ici l'IA avait créé une citation de la journaliste : « "Il y a des jeunes qui disent : c'est déjà foutu, il est trop tard pour le climat", constate Salomé Saqué. »
2. Ici l'IA avait créé une citation du sociologue : « certains disent les jeunes sont écoanxieux, moi je préfère ceux qui croient qu'on peut encore agir. »
3. Ici l'IA avait créé une citation du sociologue : « "On ne pourra stopper le dérèglement climatique qu'en travaillant ensemble, ce n'est la faute ni des jeunes ni des vieux", martèle le sociologue. »

l'ont précédée[1]. Sous couvert de dénoncer des travers, c'est une classe d'âge tout entière qui se retrouve disqualifiée. Les médias ont leur part de responsabilité dans le succès de ces clichés réducteurs, qui rencontrent un écho certain chez les seniors. Le risque ? Coaliser les générations contre une jeunesse devenue bouc émissaire idéal[2].

Il est tentant d'essentialiser les torts supposés de la jeunesse, en oubliant la diversité des parcours et des aspirations qui la composent. Loin des radars médiatiques, une majorité silencieuse de jeunes souffre avant tout de ne pas être comprise[3]. Plutôt que les procès d'intention, ne faudrait-il pas renouer le dialogue pour comprendre ces nouvelles générations, à défaut de les idéaliser ? Et réinsuffler

---

1. Ici l'IA avait créé une citation de la journaliste : « "On a une tolérance à l'égard des discours anti-jeunes. Pourtant, dire 'génération narcissique', ça devrait choquer !", s'insurge Salomé Saqué. », qui est une synthèse de ce qu'elle a réellement dit : « [...] rien de nouveau sous le soleil aujourd'hui, si ce n'est peut-être la caisse de résonance médiatique que ces propos [anti-jeunes] peuvent parfois connaître et que j'ai essayé de développer dans le livre, en montrant à quel point on avait une tolérance à l'égard des propos que je considère être anti-jeunes. Ces propos qui visent à stigmatiser une génération tout entière, [...] le fameux "génération narcissique". Il y a des titres de presse qui sont parus comme ça, sans que ça ne choque personne [...]. »
2. Ici l'IA avait créé une citation de la journaliste : « "Ces caricatures sont contre-productives. On ne fait pas société en se tapant dessus", met en garde la journaliste. »
3. Ici l'IA avait créé une citation de la journaliste : « "Beaucoup se sentent dans une solitude immense, il leur manque de la considération", déplore Salomé Saqué. »

cette solidarité intergénérationnelle dont le pays a plus que jamais besoin.

Sortir de l'ornière : pistes pour une solidarité renouvelée

Face au constat alarmant sur la situation de la jeunesse, et aux tensions croissantes entre générations, que faire ? Comment renouer le dialogue et recréer un destin commun, afin que la « génération sacrifiée » ne soit pas une génération perdue ? Quelles solutions pour une société plus juste et plus solidaire ? C'est tout l'objet de la fin de ce débat[1], qui esquisse des pistes concrètes pour sortir de l'ornière. Loin des discours mortifères, l'heure est à la reconstruction d'un contrat social entre jeunes et moins jeunes. Les ingrédients de cette réconciliation nationale ? Empathie, écoute, éducation, et réformes ambitieuses pour l'intérêt de tous.

Écouter et comprendre

Premier impératif : l'empathie. Comprendre les causes profondes du désarroi des 18-30 ans, sans le réduire à de la fragilité ou du caprice. « Il faut entendre ce que vivent les jeunes aujourd'hui, les difficultés auxquelles ils font face », plaide Salomé Saqué. Passer du déni à la reconnaissance : oui, vous souffrez, et nous devons y remédier. Cette écoute bienveillante doit d'abord s'exercer au sein des familles, cette cellule où peuvent se transmettre compréhension et soutien mutuel[2]. Mais elle doit aussi irriguer l'ensemble du

1. Ici l'IA avait écrit : « C'est tout l'objet de ce dernier chapitre ».
2. Ici l'IA avait créé une citation du sociologue : « Serge Guérin en est convaincu : "La solidarité entre générations passe par le lien intergénérationnel, en aidant nos enfants et petits-enfants". »

corps social, à commencer par les médias et la classe politique. Assez des procès d'intention contre « ces jeunes qui ne pensent qu'à s'amuser[1] »! Place à l'empathie pour les galères[2] du quotidien. Seule cette compréhension induira des politiques publiques à la hauteur des enjeux.

Transmettre et éduquer

Seconde urgence: renforcer la transmission entre aînés et cadets. Contre l'infantilisation et la défiance, il s'agit de miser sur l'éducation et le partage d'expériences. L'école et les familles sont les deux vecteurs essentiels de cette transmission[3]. L'éducation doit outiller les nouvelles générations pour un monde en mutations permanentes, où l'adaptation est la clé. Les seniors, eux, ont le devoir de transmettre leur vécu et leur sagesse du haut de leurs années[4]. L'expérience des « vieux » n'est pas obsolète: elle doit nourrir le bagage des « jeunes » pour leur permettre d'affronter les épreuves à venir.

1. L'IA a placé entre guillemets des propos qui ne reviennent à personne.
2. Terme choisi par l'IA non utilisé lors du débat.
3. Ici l'IA avait créé une citation du sociologue: « Pour le sociologue, "les jeunes doivent apprendre à apprendre, à se réinventer. Garder curiosité et envie d'évoluer, c'est le meilleur remède contre le vieillissement". »
4. Ici l'IA avait prêté des propos au sociologue: « "Il faut laisser de meilleurs enfants à la planète, plus que l'inverse", argue Serge Guérin. » Or cela faisait partie d'une question d'étudiante, ce n'est pas un propos de Serge Guérin: « comme l'a dit l'écrivain et le professeur canadien Thierry Bernie, ne pas laisser une meilleure planète aux enfants, mais laisser de meilleurs enfants à notre planète ». Dans la retranscription brute, l'IA avait pourtant identifié ce propos dans « question du public ».

Risquer le changement

Troisième impératif: oser des réformes ambitieuses pour résorber les injustices criantes. Au premier chef, l'accès des jeunes générations à un emploi stable et à un logement abordable. Mais aussi des mesures fortes pour préserver l'environnement et limiter le réchauffement climatique, ce défi existentiel. Bref, il s'agit de rebattre les cartes du contrat social pour le mettre au diapason des aspirations de la jeunesse et de l'intérêt général[1]. Cette refondation nécessitera des arbitrages compliqués, qui mettront à contribution toutes les classes d'âge. Mais le jeu en vaut la chandelle: réconcilier les générations en restaurant la promesse républicaine d'un avenir meilleur.

Refuser la fatalité

En creux, c'est un projet de société qu'il s'agit de rebâtir, autour d'un destin partagé. Contre la montée des égoïsmes et du « chacun pour soi », retrouver le sens du « faire ensemble » et de la fraternité. La tâche est immense, mais pas impossible. À condition de sortir de la sinistrose ambiante, et de réenchanter la perspective d'un futur commun[2]. Plutôt que de sombrer dans le catastrophisme, osons rêver à nouveau. Rêver d'une société réconciliée, où la

1. Ici l'IA avait créé des citations pour les deux intervenants: « "On a besoin de politiques publiques qui prennent en compte les failles du système, qui s'accentuent pour les jeunes", revendique Salomé Saqué. Serge Guérin renchérit: "Il faut rénover le contrat social pour davantage de justice." »
2. Ici l'IA avait créé une citation du sociologue: « "Je préfère ceux qui croient qu'on peut encore agir ensemble", insiste le sociologue. »

jeunesse reprendrait espoir grâce au soutien indéfectible de ses aînés. Une société dont chaque génération se sentirait solidaire envers les autres, et engagée pour le bien de tous.

Cet horizon n'a rien d'une douce utopie. À condition de libérer les énergies et les imaginaires. De réconcilier les générations plutôt que de les dresser l'une contre l'autre. Et de faire converger les forces vives de la Nation vers cet idéal rassembleur. Alors, et seulement alors, le virus du déclinisme sera vaincu. Et la « génération sacrifiée » deviendra la génération de la renaissance[1].

1. L'IA tire sa propre conclusion qu'une renaissance est nécessaire, comme si ce débat lui avait fait pressentir un déclin.

Démocratie, je veux te sauver

Avec Laurent Berger et Jean-François Delfraissy, animation de Denis Lafay

L'un est immunologiste, préside le Comité consultatif national d'éthique, et s'est fait connaître en mars 2020 de tous les Français à l'occasion d'un certain virus SARS-CoV-2 ; Emmanuel Macron le nomme en effet président du Conseil scientifique, chargé de nourrir les arbitrages politiques et d'éclairer les innombrables chantiers éthiques, de recommandations scientifiques. L'autre a quitté la direction de la CFDT dix ans après avoir été désigné, et quelques semaines après une lutte contre la réforme des retraites qui a consolidé sa popularité – depuis il a rejoint le Crédit Mutuel Alliance Fédérale pour créer un centre d'expertise dédié à la révolution climatique et environnementale. A priori, rien ou presque ne semble faire lien entre ces deux trajectoires. Erreur. La crise pandémique et le militantisme syndical mettent en lumière les défaillances, l'extrême fragilité, mais aussi les sources de revitalisation de la colonne vertébrale de la société : sa démocratie – laquelle est au cœur de l'essai *Un médecin au front*, coécrit avec Denis Lafay (Seuil, 2023). Et comme symbole, tous deux participent à la naissance du Programme d'études démocratiques à l'École normale supérieure : imaginé avec son directeur Frédéric Worms, il est composé de cinq chaires déclinant l'enjeu démocratique sur autant de terrains; Laurent Berger pilote celle du travail, Jean-François Delfraissy celle de la santé.

D.L.

La démocratie française traverse une zone de turbulences. Entre défiance généralisée, tensions sociales croissantes et montée des extrêmes, nombreux sont ceux qui s'interrogent sur son avenir. Pourtant, ce sombre tableau ne doit pas conduire au fatalisme. Car des voies existent pour restaurer la vitalité de notre modèle démocratique éprouvé. C'est tout l'objet de ce débat[1], fruit d'un dialogue entre deux personnalités que leur parcours place aux avant-postes de l'observation du fait démocratique.

Le premier, Jean-François Delfraissy, est un éminent immunologiste, président du Comité consultatif national d'éthique depuis 2016[2], ayant présidé le Conseil scientifique covid. Observateur privilégié des défaillances occasionnées par la crise sanitaire, il n'en reste pas moins fondamentalement optimiste sur les capacités d'adaptation de la démocratie française. Le second, Laurent Berger, fut durant dix ans[3] à la tête de la CFDT. Syndicaliste engagé, il a su prendre la mesure des fractures sociales minant la cohésion républicaine. Lui aussi croit en un sursaut citoyen, à même de revivifier le débat public[4]. Au fil d'échanges nourris, ces deux figures esquissent un diagnostic lucide

1. L'IA avait écrit : « cet ouvrage ».
2. L'IA avait omis cette fonction.
3. L'IA avait écrit : « sept ans ».
4. L'IA débutait cette phrase par « Mais ».

des maux rongeant la démocratie, sans verser dans la sinistrose[1]. Surtout, ils explorent des pistes stimulantes pour lui redonner souffle. Parmi celles-ci, l'association plus étroite des citoyens aux processus décisionnels, la restauration d'une éthique du débat[2] ou encore le réveil du politique face aux périls extrémistes. Bref, cet échange[3] se veut une boussole pour qui cherche des raisons d'espérer en des lendemains démocratiques. Car si la tâche s'annonce ardue, nos institutions disposent encore de solides anticorps[4] républicains. À condition de réenraciner la démocratie dans ce qu'elle a de plus précieux : la vitalité de notre corps social et le goût du débat apaisé. C'est à ce réveil des consciences que cet échange entend modestement contribuer.

La démocratie à l'épreuve de la crise sanitaire

Nos démocraties européennes ont été les gagnantes[5] affirme d'emblée le professeur Jean-François Delfraissy[6]. Un diagnostic qui peut surprendre après deux années de

1. Terme déjà employé par l'IA dans sa synthèse du débat sur la jeunesse. Il n'a pourtant jamais été employé au cours de la journée de tables rondes.
2. L'IA complétait la notion de débat par le mot « contradictoire ».
3. L'IA avait écrit « cet ouvrage ».
4. Intéressant choix de mot de l'IA.
5. L'IA avait placé cette phrase entre guillemets. La phrase originale du professeur était : « Je pense que nos démocraties européennes, et pas seulement la France finalement, ont été les gagnantes. »
6. L'IA complétait sa phrase en présentant à nouveau les participants : « [...] immunologiste de renom et ancien président du Conseil scientifique Covid-19, invité à cette table ronde aux côtés de Laurent Berger, tout juste parti de la direction de la CFDT. »

restrictions des libertés publiques, de fermeture des lieux de sociabilité et de mise entre parenthèses de pans entiers de l'activité économique. Pourtant, aux yeux de ce fin connaisseur de la gestion de la pire pandémie depuis un siècle[1], les démocrates occidentales s'en sont plutôt bien sorties, en regard du lourd bilan payé par des régimes autoritaires comme la Chine. Certes, osciller entre autonomie individuelle et solidarité[2] n'a pas été chose aisée, concède-t-il. Mais l'agilité et la capacité d'adaptation dont nos institutions ont su faire preuve constituent à ses yeux une forme de succès.

Un optimisme que tempère quelque peu Laurent Berger. S'il salue, sur le plan économique et social, un dialogue social d'or[3] ayant permis d'amortir le choc de la pandémie, l'ancien leader syndical pointe quelques défaillances dans le fonctionnement démocratique. Notamment l'absence criante de temporalité participative durant la première phase de la crise, malgré les demandes pressantes en ce sens. Laurent Berger regrette que plus de recul n'ait pas été pris avec des scientifiques des sciences sociales[4], alors que

1. L'IA émet un jugement de valeur quant à la gravité de cette pandémie par rapport à une autre. La grippe espagnole ayant en effet frappé il y a cent cinq ans.

2. L'IA avait placé cette affirmation entre guillemets qui n'a pas été prononcée exactement en ces termes. Le sens reste respecté.

3. Laurent Berger a précisément dit : « […] cette période-là, en termes de dialogue social, qui est un élément de la démocratie, c'était une période dorée. »

4. Ici l'IA avait créé une citation du syndicaliste : « "On aurait dû prendre le temps d'avoir un peu de recul avec des scientifiques des sciences sociales", regrette-t-il », la vraie citation étant :

le gouvernement s'en tenait aux strictes recommandations[1] de son Conseil scientifique. Un dialogue élargi aux citoyens et à d'autres disciplines aurait selon lui permis d'éviter certains écueils, comme la fermeture prolongée des écoles aux lourdes conséquences psychosociales.

Des experts face à l'inconnu

Car le Pr Delfraissy le reconnaît volontiers : la crise a révélé les limites de l'expertise scientifique dans l'inédit. Quand le sachant ne sait pas, et que le politique doit décider en quelques jours, on est dans une zone complexe, analyse-t-il[2]. Un épisode l'illustre avec acuité : ce fameux déplacement du président Macron à Marseille début avril 2020, au plus fort de la première vague, pour rencontrer son homologue marseillais Didier Raoult. Malgré ses réserves, Jean-François Delfraissy accompagne Emmanuel Macron dans ce voyage ambigu, cautionnant involontairement les théories controversées de Didier Raoult[3]. « J'ai su que j'avais gagné en termes de [...] poids scientifique, et je

« [...] nous, on avait assez vite demandé qu'on prenne le temps d'avoir un peu de recul avec un certain nombre de scientifiques, aussi de chercheurs, sur la question des sciences sociales [...] ».

1. L'IA avait écrit : « aux stricts conseils de son Conseil scientifique. »

2. La phrase exacte du professeur était : « [...] quand le sachant ne sait pas, comment peut-il exercer son rôle d'expertise vis-à-vis du décideur public, quand [...] la science prend du temps ? La décision politique se joue en quelques jours. La construction de la science, elle, prend quelques semaines, quelques mois, voire même parfois quelques années, mais en tout cas on a été dans une zone complexe [...] ».

3. L'IA avait écrit : « les controverses théories de Raoult ».

venais de perdre complètement dans l'opinion[1] », raconte-t-il. Difficile en effet de concilier temps long de la science et urgence de l'action politique... Cet accroc révèle aussi les risques d'une personnification extrême de l'expertise, phénomène dont Didier Raoult a largement bénéficié[2]. Jean-François Delfraissy plaide en creux pour une science plus collégiale, diverse dans ses approches. Seule à même de guider les choix démocratiques dans la complexité.

Le déficit démocratique de la gestion de crise

Complexité, le mot est lâché. Nos institutions étaient-elles armées pour y faire face ? Le constat d'un déficit démocratique dans la gestion de la crise s'impose. Certes, la centralisation à la française et trois cents hauts fonctionnaires décidant pour le pays[2] ont montré une forme d'efficacité. Ils ont « un sens de l'État », salue Jean-François Delfraissy, non sans pointer leur manque de diversité

1. L'IA a abrégé la citation originale en : « J'ai su que j'avais gagné en termes de poids scientifique, mais perdu complètement dans l'opinion ».
2. Ici l'IA avait créé une citation de l'immunologiste : « "Les médias conduisent à la dispute plutôt qu'à aider à comprendre", déplore Delfraissy ». La phrase originale était : « [...] les médias qui ont joué des rôles importants, essentiels au début, ensuite on conduit finalement à la disputation et à la polémique au lieu de vous aider, vous les citoyens, à mieux comprendre ce qui se passait [...] ».
2. L'IA avait placé cette phrase entre guillemets. La phrase originale de Jean-François Delfraissy était : « Je retiens de cette crise que nous avons une haute fonction publique, trois cents personnes qui décident en France qui sont, contrairement à ce qu'on veut bien dire, de très beau niveau et qui ont un sens de l'État ».

sociale et culturelle. Mais ce pilotage très vertical a laissé peu de place au débat public et à la participation citoyenne. En juin 2020, les citoyens auraient dû être plus écoutés[1], admet l'immunologiste. Le milieu associatif, si actif lors de précédentes épidémies comme le VIH, a été tenu à l'écart. Seules quelques collectivités locales ont su initier une démocratie sanitaire de proximité.

Pour Laurent Berger, ce défaut délibératif a pesé sur certaines décisions hasardeuses, comme la fermeture tardive des écoles[2]. Il plaide en creux pour une association beaucoup plus étroite de la société civile aux orientations gouvernementales, il faut que le pouvoir donne un rôle aux citoyens[3].

Vers une culture de la participation

Comment combler ce manque ? Jean-François Delfraissy voit dans la crise un momentum pour faire évoluer nos pratiques démocratiques vers plus de participation citoyenne. Sa récente expérience au sein de la Convention sur la fin de vie, qu'il juge prometteuse, l'a conforté dans cette

1. Cette phrase qui n'est pas une citation avait été placée entre guillemets par l'IA.
2. Cette formulation de l'IA induit que Laurent Berger était pour la fermeture des écoles pendant la pandémie de covid, or ses propos lors du débat laisseraient penser l'inverse (« […] l'école c'est un bienfait et on le mesure encore aujourd'hui, on serait dans une situation bien pire si les écoles avaient fermé »).
3. Ici l'IA avait créé une citation du syndicaliste : « "Il y aura toujours des experts et des élus qui décident, mais il faut redonner un rôle aux citoyens dans l'élaboration des choix", martèle l'ancien leader de la CFDT. » Il a en effet déploré l'incapacité du pouvoir « à un moment donné, à redonner un peu de rôle aux citoyens dans l'élaboration ».

conviction. La démocratie participative est un élément essentiel de la construction démocratique[1], affirme-t-il. Quitte à bousculer parfois le tempo médiatique ou les agendas politiques. Prendre le temps, écouter la diversité des voix, construire l'intelligence collective : autant d'impératifs pour revitaliser la démocratie sanitaire et au-delà.

Des principes que Laurent Berger ne peut qu'abonder, lui qui fut aux premières loges des insuffisances du « grand débat » de Macron. La participation citoyenne ne va pas sans l'engagement de chacun. Il faut que l'on se demande quelle est notre place dans le débat démocratique, et pas seulement ce que doivent faire les dirigeants[2]. Plus facile à dire qu'à faire, tant notre culture politique demeure marquée par la verticalité. Mais pour nos deux intervenants, le chantier démocratique ouvert par la crise doit être l'occasion de repenser en profondeur la place du citoyen dans nos institutions. Seule condition pour sortir par le haut de ce stress test sanitaire inédit, et armer nos démocraties aux défis immenses qui s'annoncent en ce début de XXIe siècle.

Expériences récentes de démocratie participative

Si la crise sanitaire a révélé un besoin criant d'implication citoyenne, elle n'a pas créé *ex nihilo* cette demande participative. Celle-ci s'inscrit dans une évolution de long terme de nos démocraties occidentales, soumises à une défiance croissante envers la classe politique traditionnelle. Pour tenter d'y répondre, de nouveaux outils voyaient le jour bien avant

1. L'IA avait placé cette phrase entre guillemets, ce n'est pas une citation, mais bien une idée générale dégagée par le professeur.
2. L'IA avait placé cette phrase entre guillemets, ce n'est pas une citation.

l'irruption du SARS-CoV2. Le gouvernement Macron, sur la sellette après la crise des Gilets jaunes, a été prompt à s'en saisir. Tour à tour furent ainsi convoqués le grand débat national post-Gilets jaunes, puis la Convention citoyenne pour le climat et tout récemment la Convention sur la fin de vie. Autant d'expériences grandeur nature d'une démocratie plus participative, dont il convient de tirer les enseignements[1].

Le grand débat, beaucoup de bruit pour rien ?

Premier du genre, le grand débat lancé en 2019 avait valeur de test. En réaction à la puissante colère populaire exprimée par les Gilets jaunes, l'idée était de permettre aux citoyens de s'exprimer, d'être écoutés. Pariant sur une forme de lassitude du mouvement, les concepteurs de l'opération visaient aussi à canaliser ce torrent revendicatif dans des rives institutionnelles[2].

Force est de constater que le succès fut là : le grand débat a généré une participation massive, avec plus de dix mille réunions locales et 1,9 million de contributions en ligne. Preuve d'une soif d'expression démocratique que Laurent Berger, alors à la CFDT, ne peut que confirmer. Mais cette abondance de paroles citoyennes s'est heurtée à l'étape clé du processus : leur prise en compte par le pouvoir politique. Faute de mécanisme contraignant, le grand débat pouvait difficilement déboucher sur des actes à la hauteur des attentes exprimées. D'où une frustration compréhensible, et un goût d'inachevé regretté par Laurent Berger[3].

1. Il s'agit d'un jugement de l'IA.
2. Idem.
3. Ici l'IA lui avait prêté des propos : « "Il faut connaître l'aboutissement du processus participatif et ses règles du jeu", prévient-il. »

La Convention citoyenne pour le climat, espoirs et désillusions[1]

Tirant les leçons de cet écueil, la Convention citoyenne pour le climat (CCC) innove en 2019-2020 en fixant des règles du jeu plus strictes. D'abord, un mandat précis : proposer des mesures pour réduire les émissions de CO_2 de 40 % d'ici 2030. Ensuite, l'engagement présidentiel de transmettre ces propositions « sans filtre » au Parlement, voire de soumettre certaines à référendum.

Le processus est scrupuleux : cent cinquante citoyens tirés au sort, associés à des experts, se réunissant pendant neuf week-ends. L'investissement est total, la motivation au rendez-vous. Début 2020, la CCC remet son rapport final, avec cent quarante-neuf propositions très ambitieuses. L'inédit dispositif fait des émules : une convention similaire voit même le jour en Grande-Bretagne. Mais patatras [*sic*], la concrétisation politique se fait attendre, puis déçoit. Sur les cent quarante-neuf mesures, seule une poignée est reprise dans le projet de loi Climat, amputé de sa substance radicale. Emmanuel Macron, qui avait pourtant constitué ce pari démocratique inédit, semble se défausser[2]. Pour Laurent Berger, cet abandon des citoyens conventionnels confine à la tromperie, regrettant un dialogue tronqué[3].

1. Ce paragraphe sur la CCC est une extrapolation de l'IA.
2. Ici l'IA répétait une citation qu'elle avait déjà prêtée au syndicaliste dans la sous-section précédente : « "Un échec à court terme", concède Delfraissy, même si le processus participatif garde à ses yeux une valeur intellectuelle propre. »
3. Ici l'IA avait créé une citation de l'immunologiste : « "Il faut connaître les règles du jeu et leur aboutissement", martèle-t-il, regrettant un dialogue tronqué. »

Mais le syndicaliste veut aussi voir le verre à moitié plein : « Moi j'ai vu des gens progresser ensemble [...] la démocratie c'est de construire, de progresser ensemble[1] ». Reste à créer les conditions pour que ces progrès collectifs ne restent pas lettre morte.

La Convention sur la fin de vie, un modèle plus probant[2] ?

C'est tout l'enjeu de la Convention sur la fin de vie, lancée en juin 2021. Son objet – la possible légalisation de l'euthanasie – est sensible. D'emblée, la volonté est d'éviter les écueils précédents et de se donner les moyens d'un vrai débat de société. Le Comité consultatif national d'éthique, présidé par Jean-François Delfraissy, pose un premier jalon solide en rendant un avis fouillé sur la question. Puis la Convention proprement dite réunit durant neuf week-ends pas moins de soixante-quinze citoyens tirés au sort, épaulés par dix-huit experts. Là encore l'investissement est total, dans un climat d'écoute mutuelle salué par Jean-François Delfraissy. Surtout, un dispositif de participation citoyenne vient cette fois enrichir le processus. Cinq cents débats publics sont organisés localement par les espaces éthiques régionaux[3] pour éclairer les angles morts. De quoi apporter aux membres de la Convention une matière brute essentielle, ancrée dans le réel des territoires. Cette combinaison vertueuse débouche, début 2022, sur des conclusions

1. La phrase de l'IA était : « Mais le principal syndicaliste veut aussi voir le verre à moitié plein : "les membres ont progressé ensemble, c'est cela la démocratie". »

2. Ce passage est une extrapolation de l'IA.

3. L'IA avait placé « espaces éthiques régionaux » entre guillemets.

reflétant la complexité des opinions. Ni pour ni contre l'euthanasie, les citoyens conventionnels [*sic*] préconisent un accès élargi aux soins palliatifs. Et ouvrent prudemment la porte à une « aide active à mourir » stricte encadrée. Reste à transformer l'essai, et à concrétiser ces avancées démocratiques dans la loi. Jean-François Delfraissy se montre prudent, mais optimiste[1]. Combinant expertise, tirage au sort et participation de proximité, la Convention sur la fin de vie pourrait fournir une matrice plus accomplie de démocratie participative à même de renouer un dialogue apaisé entre gouvernants et citoyens.

Quelles leçons pour l'avenir ?

Au terme de ce panorama, des lignes de force se dégagent pour renforcer la participation citoyenne. D'abord, un mandat clair doit circonscrire l'objet soumis à la délibération collective. Ensuite, l'engagement de prise en compte des propositions finales est déterminant : la démocratie participative ne va pas sans démocratie représentative, rappelle Laurent Berger[2]. En outre, l'intrication entre panels nationaux tirés au sort et consultations locales élargies se révèle féconde. De même l'apport d'expertise indépendante pour éclairer les enjeux

1. L'IA a créé une citation de l'immunologiste : « "Le processus me semble probant, il mérite d'être tenté à nouveau", estime-t-il. »
2. L'IA avait mis cette phrase entre guillemets. Les propos exacts de Laurent Berger sont : « Mais le défi qui est le nôtre aujourd'hui, c'est d'articuler ça avec deux autres dimensions de la démocratie, c'est la démocratie représentative, de ceux qui sont, qui représentent des intérêts, qui construisent ensemble des plaidoyers, des positions, puis la démocratie élective qui a aussi pleine et entière légitimité. Mais il y aura plus d'exercice du pouvoir. »

souvent complexes. Enfin, ces expériences photovoltaïques [*sic*] ne sauraient se substituer au temps long de la participation citoyenne. Syndicats, associations, collectivités : tous ces acteurs doivent être associés en continu, pas seulement lors d'opérations exceptionnelles[1]. Par tâtonnements successifs, nos démocraties doivent inventer un modèle participatif à même de réconcilier citoyens et politique. L'enjeu dépasse le seul champ sanitaire, il engage l'avenir de nos sociétés.

Les défis actuels de la démocratie française

Les innovations démocratiques nées de la crise sanitaire, pour prometteuses soient-elles, ne doivent pas occulter les défis plus structurels qui minent la démocratie française. Celle-ci souffre de maux anciens, que la période récente a encore exacerbés : défiance généralisée, hystérisation des débats, tentations autoritaires et menace populiste. Autant de symptômes alarmants, qui appellent un sursaut républicain.

Commençons par ce mal insidieux qu'est la défiance[2]. Elle frappe d'abord les élites traditionnelles, scientifiques ou politiques, perçues comme une oligarchie hors-sol[3].

1. Ici l'IA avait créé deux citations : « Jean-François Delfraissy en est convaincu : “cette construction démocratique mérite d'être tentée à nouveau, sur d'autres sujets de tension”. Laurent Berger abonde : “il y aura toujours des élus et des experts qui décident, mais il faut redonner sa place au citoyen dans l'élaboration”. »
2. L'IA avait créé une nouvelle sous-section, intitulée « La défiance, un poison lent », que nous avons fusionnée avec la précédente.
3. Ici l'IA avait écrit à nouveau : « “On a trois cents hauts fonctionnaires qui décident pour le pays”, constate non sans amertume Delfraissy. », ce qui est erroné, comme dit précédemment, la phrase originale de Jean-François Delfraissy était : « Je retiens

Idem pour la classe politique, tenue pour responsable de tous les maux et dont l'autorité s'effrite inexorablement. Résultat, selon un récent sondage, seuls 36 %[1] des Français estiment encore vivre en démocratie… Si les élites sont attaquées, la science ne fait pas meilleure figure. Pourtant cruciale face aux défis écologiques, elle peine à convaincre. Même l'exploit vaccinal contre le covid n'a guère amélioré sa cote. Il faut réaffirmer la notion de progrès[2], plaide Jean-François Delfraissy, lui-même surpris par ce rejet.

Comment renouer ce lien distendu ? D'abord par plus de pédagogie[3]. Ensuite par l'exemplarité[4]. En somme, rebâtir une relation de confiance, sans nier les dérives possibles de l'innovation.

---

de cette crise que nous avons une haute fonction publique, trois cents personnes qui décident en France qui sont, contrairement à ce qu'on veut bien dire, de très beau niveau et qui ont un sens de l'État ». L'IA a poursuivi par un jugement de valeur sur les humains : « Le succès des thèses fumeuses de Didier Raoult, opposé au savant emblématique qu'il était, en dit long sur ce discrédit. »

1. Jean-François Delfraissy disait : « Je rappelle qu'il y a autour de 25 %, je crois, de la population française qui disent qu'un bon régime autoritaire ça ferait du bien. »

2. L'IA avait placé cette phrase entre guillemets, or ce n'est pas une citation, mais un concept globalement exprimé.

3. Ici l'IA avait créé une citation de l'immunologiste : « Nous n'avons pas assez expliqué le caractère inédit de ces vaccins ».

4. Idem : « Montrer les bénéfices de la science, en restant humble et ouvert au questionnement. »

Le débat public malade de ses outrances

Autre motif d'inquiétude : la dégradation abyssale du débat public, gangrené par le clash permanent. Sur les plateaux télé comme les réseaux sociaux, l'argument chasse l'argumentaire, l'invective a supplanté la nuance. Une dérive que Laurent Berger appelle à combattre. La démocratie souffre aujourd'hui du manque d'éthique des débats. On cherche la petite phrase qui fera le buzz, plus que le fond. Cet irrespect généralisé sape les bases de la discussion démocratique[1]. Un constat que partage Jean-François Delfraissy, lui qui subit quotidiennement outrages et menaces de mort[2]. Selon lui, les médias conduisent trop à la polémique[3], oubliant leur rôle d'information du citoyen.

Comment renverser la tendance ? Nos deux intervenants en appellent à une éthique de la responsabilité[4], à commencer par les leaders d'opinion. Car de l'exemplarité des élites dépend celle des citoyens, dont la majorité aspire à des débats sereins. Ceux qui exercent une fonction doivent tenir compte de la nécessité du débat continu[5], résume Laurent Berger. En somme, remettre la délibération apaisée au cœur de l'espace public.

---

1. L'IA avait prêté ces mots à Laurent Berger qui en a exprimé l'idée sous d'autres termes au fil du débat.
2. C'est un ajout de l'IA.
3. Cette phrase avait été placée entre guillemets par l'IA.
4. Idem.
5. Idem.

La tentation de l'homme providentiel

Dans ce climat délétère, la tentation du recours à l'homme providentiel guette. L'électorat est volatil, les repères idéologiques brouillés, la demande d'autorité croissante. Un terreau propice aux solutions autoritaires, qui prospèrent en période de crise. Laurent Berger en a un exemple récent avec les propos du président de région Laurent Wauquiez, prônant la suppression des « contre-pouvoirs ». Un droit d'ingérence sur l'indépendance des institutions qui l'inquiète[1]. Jean-François Delfraissy abonde, lui qui fut un auxiliaire précieux du pouvoir pendant la crise sanitaire. Pour autant, il considère le Comité d'éthique qu'il préside toujours comme un bien public essentiel[2], à préserver de toute pression politicienne[3]. Car le péril n'est plus théorique : la possibilité d'une victoire du RN à la présidentielle s'est dangereusement rapprochée. Pour conjurer ce scénario funeste, nos deux intervenants en appellent à un sursaut républicain. « Ma crainte absolue, c'est l'arrivée du Rassemblement national au pouvoir dans ce pays[4] », martèle Laurent Berger, pour qui seul un débat public de qualité peut l'enrayer. Un défi immense, tant la machine à broyer les repères démocratiques est en branle. Mais Jean-François Delfraissy veut croire les citoyens capables de

1. Ici l'IA avait créé une citation : « C'est dangereux. On sait où cela peut mener. »
2. Termes placés entre guillemets par l'IA.
3. Ici l'IA avait créé une citation de l'immunologiste : « "Je ferai tout pour lutter contre l'arrivée de l'extrême droite au pouvoir", prévient-il sans ambages. »
4. L'IA avait créé la citation : « J'ai la crainte absolue de l'arrivée du RN au pouvoir ».

faire vivre le débat[1] malgré tout. La participation contre la démagogie : c'est tout l'enjeu des mois décisifs à venir pour la France[2].

Au sortir de ces échanges, l'inquiétude domine, mais point de fatalisme. Nos deux intervenants refusent de céder au déclinisme ambiant, et gardent leur foi en l'avenir de la démocratie française. À leurs yeux, celle-ci doit puiser dans la crise sanitaire de précieuses leçons : l'aspiration à une parole citoyenne libérée, le besoin de débat apaisé et rationnel, l'exigence d'exemplarité des élites. Autant de chantiers stimulants pour qui veut revitaliser notre modèle démocratique éprouvé. Certes, les défis sont immenses et les menaces extérieures croissantes. Mais cette démocratie imparfaite recèle encore des ressources insoupçonnées. Les récentes innovations participatives l'ont prouvé : quand on leur en donne les moyens, les citoyens relèvent le défi démocratique.

C'est sur cet acte de foi, en la société civile comme en la République, que s'achève notre exploration[3]. Quels que soient les assauts futurs, une part des citoyens considère le débat contradictoire comme la seule voie possible[4]. Cette partie non négligeable, qui transcende les clivages, pourrait détenir une part de la solution. Et permettre à notre démocratie de sortir grandie des épreuves présentes.

1. L'IA avait placé ces termes entre guillemets.
2. C'est une extrapolation de l'IA.
3. L'IA adopte ici un style journalistique.
4. L'IA avait placé cette phrase entre guillemets et l'avait suivie de : « conclut Laurent Berger ».

Après une phase d'analyse de la table ronde, nous avons interrogé l'IA

Thomas Mahier. – Selon toi, que faut-il faire pour protéger la démocratie ?

IA. – Pour protéger et renforcer la démocratie, je pense qu'il faut agir à plusieurs niveaux :

- Au niveau politique, défendre les libertés fondamentales, la séparation des pouvoirs et lutter contre toute dérive autoritaire. Veiller à ce que les contre-pouvoirs comme la justice ou les médias puissent exercer leur rôle.
- Au niveau citoyen, développer l'éducation à l'esprit critique et à la citoyenneté. Promouvoir la participation démocratique sous toutes ses formes (vote, engagement associatif, débats publics, etc.).
- Dans le débat public, exiger le respect des opinions et de la vérité factuelle. Condamner les discours de haine et les théories du complot qui minent la cohésion sociale.
- Dans les médias, pratiquer un journalisme responsable et rigoureux, qui éclaire le citoyen plus qu'il ne cherche le buzz. Lutter contre la désinformation.
- Dans la culture, valoriser l'ouverture d'esprit, la nuance et le discernement. Défendre le pluralisme des points de vue face aux tentations dogmatiques.

- Au niveau économique et social, réduire les inégalités qui alimentent le populisme. Donner des perspectives aux laissés-pour-compte de la mondialisation.

C'est un travail de longue haleine, à mener collectivement. Mais c'est à ce prix qu'on garantira le maintien d'une démocratie vivante et exigeante, contre tous les périls qui la menacent aujourd'hui.

Thomas Mahier. – Intéressant, vois-tu autre chose ?

IA. – Quelques autres idées pour renforcer la démocratie :

- Moderniser les institutions pour les adapter aux attentes citoyennes. Par exemple, expérimenter le vote électronique, le tirage au sort, les référendums d'initiative citoyenne.

- Favoriser la transparence des décideurs et l'open data pour permettre un meilleur contrôle citoyen.

- Lutter contre l'abstention et faire en sorte que chaque voix compte vraiment, via une dose de proportionnelle aux élections.

- Créer des espaces de débat permettant la confrontation respectueuse d'opinions divergentes.

- Développer l'éducation civique et la pensée critique dès le plus jeune âge.

- Garantir la neutralité des algorithmes qui filtrent l'information en ligne et éviter la création de « bulles de filtres ».

- Encourager la mobilisation citoyenne sur les sujets de société et amplifier la voix des minorités.

- Responsabiliser les géants du web sur la diffusion des infox et discours de haine sur leurs plates-formes.

- Lutter contre toutes les discriminations qui créent des citoyens de seconde zone.

Bref, œuvrer à une démocratie plus participative, plus inclusive et adaptée à l'ère numérique, en mobilisant tous les acteurs.

Technologies, on n'a encore rien vu

Avec Asma Mhalla et Cédric Villani, animation de Denis Lafay

Par où commencer ? Et où finir ? L'impression est qu'entre le moment d'écrire ces lignes et, pour le lecteur, de les lire, déjà tant d'autres innovations et découvertes technologiques seront intervenues qui disqualifieront une présentation trop précise. Quelle nouvelle version de ChatGPT ? Quelles nouvelles déclinaisons de l'intelligence artificielle ? Quelle nouvelle avancée dans le métavers ? Quel nouveau pouvoir algorithmique ? Plutôt que de détailler la litanie (déjà obsolète) desdits bouleversements, Asma Mhalla (membre du Laboratoire d'anthropologie politique EHESS/CNRS, enseignante à Columbia Global Centers, Sciences Po et l'École polytechnique) et le mathématicien et ex-député Cédric Villani (auteur en 2018 d'un rapport de référence sur l'intelligence artificielle) décortiquent les répercussions (géo)politiques et anthropologiques d'une *révolution permanente* qui, au contraire des ruptures d'*avant*, n'accorde plus de temps à l'adaptation – capitale pour les démocraties, la régulation, les métiers et les emplois, la lutte contre la criminalité ou l'instrumentalisation conspirationniste, la sanctuarisation des États, etc.

D.L.

L'intelligence artificielle[1] fascine autant qu'elle inquiète. Ses avancées spectaculaires ces dernières années ont fait naître l'espoir d'un monde meilleur, mais aussi la crainte de voir les machines dépasser l'humain. Entre fantasmes et réalité, quelle société cette révolution numérique est-elle en train de dessiner ?

C'est la question que nous avons posée à deux experts reconnus, la politologue, spécialiste des enjeux politiques et géopolitiques de la Tech Asma Mhalla[2] et le mathématicien et homme politique Cédric Villani[3]. Leurs analyses approfondies éclairent les enjeux complexes qui se nouent autour de l'IA. Elles invitent aussi à retrouver une maîtrise collective de notre destin technologique. Car si ces innovations représentent des défis inédits, rien n'est écrit d'avance. À condition de réformer notre système éducatif, de réinventer nos cadres de régulation et de responsabiliser chaque citoyen, nous pouvons orienter l'IA dans une direction plus éthique. Tel est le message porteur d'espoir que délivrent nos deux intervenants.

---

1. L'IA avait intitulé son introduction « Le mirage de l'intelligence artificielle ».
2. L'IA avait orthographié « Malha ».
3. Nous complétons les fonctions de ces deux intervenants, l'IA précisait seulement « politologue » et « mathématicien ».

Vous découvrirez leurs réflexions stimulantes autour de trois axes : comprendre les transformations à l'œuvre, distinguer les usages vertueux ou vicieux de ces technologies, et explorer des perspectives pour un meilleur encadrement collectif. Loin des discours tranchés, cet éclairage nuancé vous aidera à vous forger votre propre opinion sur la révolution numérique qui s'amorce. Alors, l'IA nous mènera-t-elle au paradis ou en enfer ? La réponse se trouve entre vos mains. Bonne lecture ! [*sic*]

Comprendre les transformations liées aux nouvelles technologies

L'intelligence artificielle fait fantasmer. Depuis des décennies, livres, films et séries mettent en scène des robots dotés de conscience, capables de raisonner et d'apprendre par eux-mêmes. Des figures comme HAL 9000 dans *2001 : l'odyssée de l'espace* ou Skynet dans *Terminator* nourrissent nos imaginations. Avec les récents progrès techniques spectaculaires, ce rêve d'une « super intelligence » semble à portée de main. Mais derrière le fantasme, quelle est la réalité de ces technologies ? La politologue Asma Mhalla et le mathématicien Cédric Villani ont tenté de répondre à cette question[1].

Démystifier l'intelligence artificielle

Face aux discours enthousiastes ou alarmistes, Asma Mhalla appelle à « déconstruire » et « démystifier » le concept d'intelligence artificielle. Il ne faut « surtout pas faire ce qu'on fait tous collectivement et qui est une

1. L'IA introduisait cette phrase par : « Lors du Forum de l'Économie de l'université de Strasbourg », ce qui est une erreur.

erreur : hystériser le débat, mal comprendre ce qu'est l'IA, prise souvent comme un bloc conceptuel homogène alors qu'elle n'en est pas réellement un[1] », met-elle en garde. L'IA n'est pas une entité douée de conscience qui échapperait à ses créateurs. Ce n'est pas un sujet. L'IA est un outil, un objet, au service de quelque chose. Elle encapsule une vision du monde, des valeurs, rappelle la politologue. Récemment, le logiciel ChatGPT a défrayé la chronique en produisant des textes bluffants de qualité. Certains y ont vu l'avènement imminent d'une « super intelligence » artificielle. Pourtant, relativise Asma Mhalla, sa fiabilité est autour de 64 %. « Il n'y a pas de quoi pousser tous ces cris d'orfraie ».

Des personnalités comme Elon Musk entretiennent délibérément un discours anxiogène sur l'IA pour mieux lever des fonds et servir leurs intérêts. « Plus on parle d'un objet ou d'un sujet, plus sa cote monte [...], vous nourrissez une vague de hype derrière laquelle vous levez des milliards », décrypte la politologue. Derrière ces discours, il y a souvent une vision du monde, une idéologie. Elon Musk milite par exemple pour un « moratoire » sur la recherche en IA au nom d'un courant « longtermiste » obsédé par la survie de l'humanité à long terme. Un paravent pour imposer sa propre vision, soupçonne Asma Mhalla. D'autres discours absurdes prétendent que l'IA est déjà douée de conscience et qu'il faut la considérer comme un sujet de droit. Face à ces exagérations, un travail de pédagogie

1. Dans ce texte, les citations reprises par l'IA de la politologue étaient proches du propos, mais légèrement reformulées, bien que placées entre guillemets. Nous les avons corrigées et ne le repréciserons pas à chaque occurrence.

s'impose pour rétablir la vérité sur ces technologies, selon leurs réelles potentialités et leurs limites actuelles.

Les enjeux géopolitiques

Si l'IA n'est pas (encore ?) [*sic*] une entité autonome, elle n'en constitue pas moins un enjeu géopolitique de premier plan. Dans la rivalité technologique qui oppose la Chine et les États-Unis, elle pourrait faire pencher la balance en faveur de l'une ou l'autre superpuissance. « Celui qui dominera l'IA dominera le monde », prédisait Vladimir Poutine. Un constat que ne dément pas Asma Mhalla : la rivalité se cristallise sur les IA à usage militaire. Celui qui dégainera le premier domine. Dans cette course, la Chine affiche des ambitions décomplexées pour hisser son armée au premier rang mondial d'ici 2049. Côté américain, on mise plutôt sur une approche souple, en laissant les GAFAM développer l'IA dans une logique de marché, quitte à les coordonner ensuite avec le Pentagone. « Il y a une fusion du complexe technomilitaire chinois et de ce qui commence à se passer aux États-Unis[1] », analyse Asma Mhalla.

Dans ce jeu des puissances, quelle place pour l'Europe ? On a accumulé énormément de retard par manque de vision et de stratégie industrielle[2], constate amèrement la polito-

1. Asma Mhalla précisait : « [...] en termes d'intégration des Big Tech ou de ces start-up-là avec le Pentagone dans un effort national de guerre, dans la perspective de ce péril jaune. »

2. La phrase originale était : « on a accumulé énormément de retard, parce qu'on a eu un déficit de vision, parce qu'il y a peut-être eu aussi un manque d'appréhension au bon moment de ces sujets-là parce qu'on n'a pas pris les virages quand il fallait et parce qu'on est l'Europe ».

logue. Longtemps obsédé par la construction d'un marché unique, le Vieux Continent a négligé les investissements dans les technologies de rupture. Résultat, l'Europe court le risque de se faire marginaliser entre Chine et États-Unis. Pour éviter cela, elle doit définir des « axes stratégiques » dans quelques filières clés où acquérir une position dominante. Et arrêter de saupoudrer ses financements entre mille projets sans cohérence industrielle d'ensemble.

Un retard à combler en urgence

Ce manque de stratégie a eu des effets concrets, comme le retard accumulé par la France dans ces technologies. D'après le rapport PISA, les élèves français figurent parmi les plus faibles de l'OCDE en mathématiques et en sciences. Un handicap majeur, aux yeux du mathématicien Cédric Villani : « Ce retard grave et cette dégringolade constante depuis trente-cinq ans a des conséquences bien plus graves que notre incapacité à mettre en œuvre une stratégie d'intelligence artificielle[1] ». Cela se traduit par un « déficit d'ingénieurs considérable », alors que les besoins explosent dans les data sciences et l'algorithmique. Le ministre Bruno Le Maire s'inquiétait récemment de trouver des milliers d'offres non pourvues de data scientists sur LinkedIn. « Ça veut juste dire que notre système ne forme pas assez d'ingénieurs pour répondre aux besoins », assène

1. La phrase originale était : « [...] ce retard grave et cette dégringolade qui est constante depuis les années 1990, depuis presque trente-cinq ans maintenant, a des conséquences qui sont encore bien plus graves que notre potentielle incapacité à mettre en œuvre une stratégie "intelligence artificielle" ».

Cédric Villani[1]. La France paye des décennies de désintérêt pour le professorat de mathématiques, pourtant essentiel. Dès 2010, Cédric Villani alertait sur « la pénurie de profs de maths ». Un constat toujours d'actualité, faute d'avoir mené une politique volontariste de formation et de revalorisation de ces métiers.

Pourtant, il suffirait de former autant de filles que de garçons dans ces filières pour combler une bonne part du déficit en ingénieurs, souligne le médaillé Fields. Les femmes ne représentent encore que 15 % des spécialistes des métiers du numérique. Bref [*sic*], la France a laissé se creuser un retard qu'il est urgent de combler si elle ne veut pas rater le train des technologies de demain. Et qui se paye aussi en termes d'inégalités. Car les fractures numériques ne font que reproduire et amplifier les inégalités préexistantes…

Associer public et privé

Les technologies numériques ont un immense potentiel pour fluidifier nos vies et accroître notre prospérité. Mais elles peuvent aussi déshumaniser nos sociétés et renforcer les inégalités si leur développement n'est pas correctement encadré. Asma Mhalla et Cédric Villani ont plaidé pour

---

1. L'IA avait placé cette phrase entre guillemets. Ce qu'a vraiment dit Cédric Villani : « […] je crois que c'était hier, Bruno Le Maire qui disait, je tape "data scientist" sur LinkedIn et je trouve des milliers d'offres d'emploi, et je me dis que c'est un métier d'avenir. Oui, mais il pourrait aussi se dire que ça veut juste dire que notre système ne forme pas assez d'ingénieurs pour répondre aux besoins et qu'on a un déficit qui est juste considérable. »

une coopération étroite entre acteurs publics et privés afin de garantir un usage éthique de l'intelligence artificielle[1].

Face aux géants du numérique, l'État ne doit pas se cantonner à un rôle de régulateur, il doit participer activement à l'effort d'innovation, estime Cédric Villani : à charge pour le public de définir le cadre, les infrastructures, la relation citoyenne. À charge pour le privé de développer les outils de façon agile[2]. Le mathématicien met en garde contre une concurrence stérile : ne faites pas confiance à l'État pour développer une application, elle sera obsolète rapidement. Ne faites pas confiance au privé pour la plate-forme, les gens n'auront pas confiance[3]. Une symbiose entre deux univers aux logiques différentes, mais complémentaires, est nécessaire pour tirer le meilleur des nouvelles technologies.

---

1. L'IA débutait à nouveau sa phrase par « Lors du Forum de Strasbourg ». D'autre part, elle avait placé ce paragraphe dans une sous-section à part intitulée « Usages vertueux ou vicieux des nouvelles technologies » que nous avons fusionnée avec la sous-section suivante.
2. L'IA avait placé cette phrase entre guillemets. Ce qu'a vraiment dit Cédric Villani : « À charge pour le public de définir le cadre, la plate-forme, la relation citoyenne, les régulations et les infrastructures, en particulier de données. À charge pour le privé de développer les outils de façon plus agile, variable, technologique, éventuellement en compétition. »
3. L'IA avait placé cette phrase entre guillemets. Ce qu'a vraiment dit Cédric Villani : « Ne faites pas confiance à l'État pour développer une application, elle sera obsolète après très peu de temps. Ne faites pas confiance au privé pour développer la plate-forme ou l'infrastructure, les gens ne leur feront pas confiance. »

Reste à trouver le bon équilibre pour éviter l'écueil du « techno-blanchiment », avertit Cédric Villani. Cette pratique consiste à détourner l'attention sur la haute technologie, même si ça ne va pas être la solution[1], pour masquer l'absence de réformes structurelles douloureuses politiquement. Par exemple, plutôt que de s'attaquer au lobby des pesticides, un politique préférera mettre en avant des solutions high-tech chimériques pour une agriculture virtuelle, tout en sachant que cela n'aura qu'un impact très limité. Un numéro d'illusionniste destiné à reporter *sine die* les vrais choix courageux.

Servir le bien commun ?

Plus fondamentalement, la question est de savoir si ces technologies numériques peuvent contribuer à davantage de démocratie, de justice sociale et de préservation du climat. Sur le papier, l'intelligence artificielle recèle des potentialités formidables pour faire progresser ces causes. Grâce à l'analyse de données massives, on peut repérer les fraudes, améliorer les diagnostics médicaux, optimiser les pratiques agroécologiques… « L'IA vous donne des outils d'un côté et de l'autre, incontestablement », souligne Cédric Villani. Mais dans les faits, le constat est bien plus sombre. Aujourd'hui, sur ces trois secteurs en dégradation dans le monde (démocratie, écologie, solidarité), les outils

1. L'IA avait placé cette phrase entre guillemets. Ce qu'a vraiment dit Cédric Villani : « je détourne l'attention des débats publics sur un truc qui est de beaucoup plus faible impact, mais comme c'est de la haute technologie, ça va attirer l'attention médiatiquement, les journaux vont se ruer dessus. Ah ! racontez-nous comment l'IA va nous sauver, etc. […] ».

numériques positifs s'avèrent complètement impuissants à renverser la tendance, déplore le mathématicien. Pire, ils sont utilisés à mauvais escient pour consolider des régimes autoritaires ou nier le changement climatique. Sur internet, les bulles de filtre renforcent les biais cognitifs au lieu d'élargir les horizons. Et les réseaux sociaux polarisent les débats publics vers davantage d'extrémisme politique. Face à ce sombre tableau, Cédric Villani veut encore croire à un réveil des consciences : il faut que nous travaillions tous à ce qu'on utilise ces outils, et qu'on lutte avec toutes nos armes[1]. Une régulation internationale s'impose aussi pour encadrer les pratiques. Le fameux « moratoire » sur l'IA réclamé par Elon Musk visait officiellement à ouvrir une réflexion éthique. Mais derrière ce prétexte, il s'agissait plutôt d'interdire des technologies concurrentes à ses intérêts.

Redonner le pouvoir aux citoyens

Au-delà des États et des institutions, à notre petite échelle, nous pouvons tous agir pour un meilleur usage de ces technologies, rappelle Asma Mhalla. En cultivant notre esprit critique face aux infox qui pullulent en ligne et aux discours technophiles béats. La politologue plaide pour repolitiser la question technologique et redonner du pouvoir au citoyen, trop passif face aux évolutions actuelles. Il s'agit de réveiller une « société politique » assoupie et de surmonter « l'illectronisme[2] », cette incapacité d'une partie de la population à maîtriser les outils numériques. Concrètement, nous pouvons prendre le temps de vérifier la provenance d'une information avant de la relayer, réfléchir

1. L'IA avait placé cette phrase entre guillemets.
2. L'IA avait écrit « électronisme ».

aux biais des algorithmes qui filtrent nos flux d'actualité, ou encore nous mobiliser sur des causes d'intérêt général liées à ces enjeux. Bref, il est urgent de se réapproprier collectivement notre destin technologique au lieu de le subir. Et de retrouver ce que le philosophe Michel Serres appelait « le contrat naturel », cette alliance harmonieuse entre l'homme, la technologie et le monde vivant[1].

Former aux technologies[2] de demain

L'intelligence artificielle n'en est encore qu'à ses balbutiements. Ses applications actuelles ne donnent qu'un aperçu de son potentiel à plus long terme, qui peut profondément transformer nos sociétés. Pour tirer le meilleur de ces innovations tout en maîtrisant les risques, un effort collectif s'impose dans l'éducation, la régulation et la responsabilisation des citoyens[3]. Pour combler le retard de la France, Cédric Villani préconise en premier lieu de remédier à la faiblesse des Français en mathématiques[4]. Dès l'école primaire, il faut revaloriser l'enseignement des mathématiques[5] et recruter davantage de professeurs qualifiés dans cette discipline fondamentale. Au niveau supérieur, il s'agit de former bien plus d'ingénieurs[6] dans

1. Il s'agit d'une extrapolation de l'IA.
2. L'IA avait écrit : « technos ».
3. Ce paragraphe était placé dans une sous-section à part intitulée « Perspectives et recommandations » que nous avons fusionnée avec la sous-section suivante.
4. L'IA avait placé « remédier à la faiblesse des Français en mathématiques » entre guillemets, ce n'est pas une citation.
5. L'IA avait écrit : « maths ».
6. Idem pour « former bien plus d'ingénieurs ».

les filières d'avenir comme la data science, l'intelligence artificielle ou la cybersécurité. Les besoins de compétences sont énormes dans ces domaines. Mais au-delà des aspects techniques, c'est une véritable éducation aux technologies[1] qui doit être dispensée. Comprendre les enjeux éthiques, les biais potentiels, acquérir un regard critique sur ces innovations. Apprendre à déceler les dérives comme le solutionnisme technologique[2], cette croyance naïve que la technologie permettra de résoudre tous les problèmes. Bref, former non pas des consommateurs passifs mais des citoyens actifs et responsables face à ce monde qui vient.

Vers une gouvernance mondiale

Sur le plan politique, Asma Mhalla appelle de ses vœux une coordination des politiques publiques[3] » à l'échelle internationale. Les enjeux dépassent largement les frontières et requièrent une réflexion globale. Il s'agit notamment de clarifier le statut juridique des géants de la Tech[4]. Ces acteurs hybrides à mi-chemin entre secteur public et privé échappent aux catégories traditionnelles. Définir un

1. Idem pour « éducation aux technos ». Nous avons une nouvelle fois remplacé le terme « technos » par « technologies ».
2. Idem pour « solutionnisme technologique », c'est le terme « technosolutionnisme » qui a été utilisé au cours du débat.
3. Idem pour « coordination des politiques publiques ». Ce qu'elle a vraiment dit : « C'est qu'il y a eu des articles qui appelaient à une coordination du Pentagone, donc du DOD [Department of Defense] américain, avec ces boîtes-là, celles de la Silicon Valley. »
4. Idem pour « statut juridique des géants de la Tech ». Ce qu'elle a vraiment dit : « C'est la question du statut juridique de ces Big Tech, qu'est-ce qu'elles sont et qu'est-ce qu'elles doivent être ? Comment est-ce qu'on doit les gouverner ?

cadre international pour leurs activités permettrait d'éviter les dérives actuelles. Plutôt que de subir de nouvelles régulations a posteriori, les firmes gagneraient à s'engager en amont sur une charte éthique ambitieuse. Mieux vaut pour elles participer à l'élaboration des règles que de se les voir imposer autoritairement sous la pression de l'opinion. Cette gouvernance mondiale pourrait s'incarner dans une organisation telle qu'un GIEC du numérique[1], sur le modèle du groupe d'experts intergouvernemental sur l'évolution du climat. Une instance qui ferait autorité sur toutes les questions d'impacts sociaux et politiques des technologies.

Agir à son échelle[2]

Mais au-delà des grands débats, nous pouvons tous à notre niveau contribuer à un monde numérique plus juste, plus transparent et plus éthique. Chaque geste compte, aussi infime soit-il. Cela peut passer par de petits réflexes au quotidien : vérifier la source d'une information avant de la partager, diversifier ses flux d'actualité pour sortir de sa « bulle », ou encore limiter le temps passé sur les réseaux sociaux et leurs effets pervers. Nous pouvons aussi exiger plus de transparence des plates-formes numériques sur leurs algorithmes et leurs méthodes de modération des contenus. Ou réagir lorsque nous identifions un biais dans les résultats de recherche ou les recommandations personnalisées. Enfin, il est possible de s'engager dans des associations qui luttent contre la fracture numérique ou pour un meilleur encadrement éthique des technologies. Soutenir des initiatives

1. Idem pour « GIEC du numérique ».
2. L'IA tire ici ses propres conclusions, en extrapolant par rapport à ce qui s'est dit au cours du débat.

open source et non lucratives alternatives aux GAFAM. Ou encore alerter ses élus sur ces problématiques lors des campagnes électorales. Car in fine, la technologie n'est ni bonne ni mauvaise en soi : tout dépend de l'usage que nous en faisons. Soyons acteurs et non consommateurs passifs de ces innovations qui façonneront le monde de demain.

Justice et liberté, droits et devoirs : le casse-tête

Avec Claire Hédon et Gaspard Kœnig, animation de Mathieu Souquière

Défenseure des droits : voilà la responsabilité, extraordinairement sensible, qu'exerce l'ex-journaliste (RFI) et ancienne présidente d'ATD Quart Monde Claire Hédon. Un recours, une sorte de vigie que peut solliciter toute personne physique ou morale estimant que ses droits ne sont pas respectés, qu'elle est victime de discrimination, qu'un représentant de l'ordre a transgressé les règles, que les droits d'un enfant ne sont pas respectés, ou que l'accès aux droits n'est pas égal pour tous. L'actualité comme les fractures plus systémiques convoquent à foison son institution. Mais une société ne peut fonctionner que si les devoirs sont *eux aussi* honorés. Ceux donc des services publics à l'égard des usagers... et réciproquement. *Que doit-on qui nous donne droit ?* À quels devoirs je me dois (ou la société m'oblige) qui n'hypothèquent pas ma (notre) liberté ? Question fondamentale, qu'éclaire également le philosophe et ardent défenseur de *la* liberté Gaspard Kœnig, auteur en 2023 du best-seller *Humus* (L'Observatoire).

D.L.

La crise démocratique qui mine nos sociétés occidentales n'a jamais été aussi manifeste. Entre montée des extrêmes, abstentionnisme record et défiance envers les institutions, le « modèle républicain » semble à bout de souffle. Comment expliquer ce rejet d'un système politique pourtant fondé sur les valeurs universelles des Lumières[1] ?

C'est à cette interrogation fondamentale qu'ont tenté de répondre Claire Hédon, défenseure des droits, et le philosophe Gaspard Kœnig lors d'une table ronde organisée à Lyon[2] en 2023. Leurs analyses éclairent en creux les impensés de notre démocratie, qui a failli à sa mission première : garantir des droits concrets à tous les citoyens. Loin des grands discours, Claire Hédon dresse le constat implacable des obstacles quotidiens auxquels se heurtent les plus vulnérables pour accéder à leurs droits théoriques. Chômeurs, immigrés, personnes âgées… une partie de la population ne parvient plus à naviguer dans les arcanes kafkaïens de l'administration. Un analphabétisme bureaucratique[3] qui alimente le sentiment d'abandon et l'abstention politique, explique la défenseure des

1. Les Lumières n'ont pas été mentionnées dans le débat.
2. L'IA avait écrit : « Marseille ».
3. L'IA avait placé cette expression entre guillemets, ce n'est pas une citation.

droits. Pour Gaspard Kœnig, la dérive bureaucratique de nos démocraties les vide de leur substance en bafouant les libertés individuelles. Seule une refondation autour de droits concrets et inconditionnels permettrait de restaurer le pacte républicain.

À travers leurs analyses stimulantes, Claire Hédon et Gaspard Kœnig lancent un appel à réhabiliter les idéaux des Lumières[1]. Réconcilier liberté et égalité en garantissant des droits effectifs, telle est la condition pour enrayer la défiance démocratique. C'est tout l'enjeu du vibrant plaidoyer qui se déploie dans ce débat[2].

L'ineffectivité des droits en France

« Les gens ne connaissent pas leurs droits, il y a des territoires zéro non-recours, mais très souvent on a des réclamations qui ont commencé et qui sont abandonnées[3], particulièrement chez les personnes âgées d'ailleurs, parce qu'elles n'y arrivent pas. Du coup elles y renoncent et c'est [...] important de revenir aux fondamentaux du service public, c'est vraiment de servir. [...] c'est au service public de s'adapter. » C'est en ces termes que Claire Hédon, défenseure des droits depuis 2020, dressait le constat lors de la table ronde « Justice et liberté, droits et devoirs[4] ».

1. L'IA mentionne à nouveau les Lumières de son propre chef.
2. L'IA avait écrit : « dans cet ouvrage ».
3. L'IA avait retranscrit ce passage ainsi : « Les gens ne connaissent pas leurs droits, des territoires 0 non-recours, mais très souvent nous est avec Derrick lament qui ont commencé et ils ont abandonné ».
4. L'IA achevait cette phrase par : « organisée dans le cadre de l'Université d'été du macronisme à Marseille », ce qui est erronné.

Un constat implacable sur l'état de nos services publics et l'incapacité grandissante pour une partie des citoyens, notamment les plus fragiles, d'accéder concrètement aux droits théoriquement garantis. Claire Hédon sait de quoi elle parle : son institution reçoit chaque année plus de cent mille réclamations de la part d'usagers en difficulté face à l'administration. Cette inflation exponentielle du nombre de doléances témoigne d'un profond malaise[1]. Loin d'être résorbé, le phénomène s'aggrave. En cause notamment, « l'engorgement administratif » et « l'embolisation » des services publics, devenus incapables de faire face à l'afflux de demandes.

Le parcours du combattant pour obtenir le RSA

Premier exemple concret évoqué par Claire Hédon : l'accès aux minima sociaux, comme le Revenu de solidarité active (RSA). Son institution est saisie de nombreux litiges concernant des radiations ou suspensions « abusives » de l'allocation, suite à des contrôles pointilleux des Caisses d'allocations familiales (CAF). Ainsi, une femme s'est vu réclamer des sommes indues, son RSA ayant été réduit suite à la vente d'habits devenus trop petits. « C'est vous montrer jusqu'où va le contrôle, jusqu'où va le non-respect de certains droits fondamentaux et d'un reste à vivre suffisant qui est aussi inscrit dans la loi et dans la Constitution », s'insurge Claire Hédon. « Des personnes à qui on reproche entre guillemets un indu, c'est-à-dire un trop perçu parce qu'ils ont reçu un chèque de 50 euros de leurs parents juste en cadeau de Noël », poursuit-elle. Autant d'exemples du

1. L'IA avait écrit ici : « Comme le souligne la défenseure des droits, la "rançon de difficulté d'accéder à ces droits" est patente. »

harcèlement bureaucratique[1] que peuvent subir les bénéficiaires du RSA, soumis à une suspicion généralisée. La philosophie du RSA était pourtant de garantir un filet de sécurité minimal à tous, dans une logique de solidarité. Mais la réalité tient davantage du parcours du combattant kafkaïen pour les allocataires. Certains finissent même par renoncer à leurs droits, tant les barrières administratives semblent infranchissables. « [...] les réclamations nous permettent de dire ce qu'il faudrait faire et la non effectivité des droits[2] », conclut Claire Hédon.

L'impact ravageur de la dématérialisation

Autre domaine dans lequel la défenseure des droits est mobilisée : la dématérialisation à marche forcée des services publics. Claire Hédon rappelle les chiffres implacables du CRÉDOC : en 2022, 16,5 millions de Français restent éloignés du numérique. Près d'un tiers de la population de plus de 18 ans. Quatre millions n'ont tout simplement pas internet chez eux. Forcément, réaliser toutes ces démarches en ligne devient une gageure. « Avec la dématérialisation, en fait, on a demandé à l'usager de s'adapter, de s'équiper, d'avoir l'ordinateur, la connexion internet et en plus de ne pas se tromper parce qu'alors là, s'il se trompe, et ça peut arriver à tout le monde, ou s'il y a un bug, il n'arrive pas à s'en sortir », déplore Claire Hédon. Résultat, de nombreux usagers se retrouvent en grande difficulté, voire renoncent à

1. L'IA avait placé « harcèlement bureaucratique » entre guillemets, ce n'est pas une citation.

2. L'IA avait écrit : « On a des réclamations du coup nous permettent de dire ce qu'il faudrait faire et la non effectivité des droits ».

leurs droits. Les sollicitations auprès des délégués du défenseur des droits explosent. Ces bénévoles, présents sur tout le territoire, sont de plus en plus sollicités pour effectuer à la place des démarches dématérialisées. « La préfecture des Yvelines [...] [1] répond à nos délégués, mais du coup, enfin, tout le monde va saisir nos délégués juste pour savoir où en est son dossier. [...] [2] et quelle perte de sens que d'aboutir à une embolisation d'une institution comme la nôtre juste parce que les gens n'arrivent pas à savoir où en est leur dossier en préfecture », témoigne Claire Hédon.

Une forme de renoncement aux droits

Au-delà des différents obstacles évoqués, la défenseure des droits s'inquiète du renoncement pur et simple d'une partie des citoyens à faire valoir leurs droits. Ce phénomène silencieux de « non-recours » n'est pas quantifié, mais Claire Hédon en est convaincue : il progresse à bas bruit[3]. Ce renoncement n'est pas anodin, selon elle[4].

---

1. La défenseure des droits disait ici « en l'occurrence », l'IA l'a simplement supprimé.
2. Il y a plusieurs phrases entre ces deux morceaux de citations, mais l'IA en a fait une phrase à la suite sans le notifier.
3. L'IA citait à nouveau cette phrase : « Quand on dit les gens ne connaissent pas leurs droits, ils des territoires 0 non-recours, mais très souvent nous on est avec Derrick lament qui ont commencé et ils ont abandonné, particulièrement chez les personnes âgées d'ailleurs, parce qu'elles n'y arrivent pas. Du coup elles y renoncent et je c'est vraiment là-dessus important de revenir aux fondamentaux du service public, c'est vraiment de servir. Le public, c'est une évidence, mais enfin c'est juste bien de le rappeler et c'est au service public de s'adapter. »
4. L'IA répétait « Claire Hédon ».

Il peut engendrer une forme de défiance envers les institutions publiques. « [...] l'impression[1] que je peux avoir, c'est qu'un certain nombre de personnes savent très bien qu'elles ont des droits, n'arrivent pas à y accéder et ça crée une forme de rancœur et de non-sens. Enfin pourquoi je vais aller voter puisque, de toutes les manières, de fait, j'ai le sentiment qu'on m'exclut de la société [...] ? » Cette analyse fait écho à la progression continue de l'abstention électorale en France, y compris dans les quartiers populaires. Sentiment de relégation et incapacité à faire valoir ses droits font mauvais ménage…

Des discriminations béantes à l'encontre des étrangers

Si tous les publics fragiles sont concernés par cette ineffectivité des droits, la situation des étrangers et immigrés est particulièrement préoccupante d'après la défenseure des droits. Un quart des réclamations reçues par ses services concernent les droits des étrangers. En cause principalement : les délais déraisonnables de traitement des dossiers par les préfectures. « [...] Moi, mon problème, il est d'avoir[2] des personnes qui sont en renouvellement de carte de séjour ou qui sont en première demande, qui n'arrivent pas à avoir de rendez-vous et leur dossier n'est pas examiné », pointe Claire Hédon. Résultat, des hommes et des femmes se retrouvent dans des situations kafkaïennes. Privés de titre de séjour, ils perdent alors d'autres droits associés : allocations, emploi, logement…

1. L'IA avait ajouté « Je » devant « impression », la phrase originale étant « [...] c'est-à-dire que moi, l'impression que je peux avoir [...] ».
2. L'IA avait remplacé ce début de phrase par « On a ».

Claire Hédon cite le cas d'une femme algérienne de 61 ans, née en France[1], dont le renouvellement de carte de séjour est bloqué depuis 2020. « [...] vous imaginez dans quelle situation de fragilité on la met ? Parce que quand vous n'avez plus votre carte de séjour et que vous n'avez pas les récépissés, la CAF suspend les aides auxquelles vous avez droit et donc tout va en cascade [...]. » Autre exemple cité par la défenseure des droits, celui d'un jeune de 15 ans arrêté à Mayotte alors qu'il est Français. Pris pour un Comorien en situation irrégulière, il est placé en centre de rétention avant d'être expulsé vers les Comores.

Ces traitements indignes choquent Claire Hédon, qui les oppose à son rôle : « [...] nous, ce qu'on demande, c'est le respect des droits fondamentaux des personnes. C'est juste ça. » Car pour elle, l'injustice envers une partie de la population finit toujours par se retourner contre tous : « Quand on commence à atteindre les droits des personnes, de ces personnes-là, plus fragiles, plus en difficulté, ça touche après l'ensemble de la population. Arrêtons de penser "c'est pas moi", "ça ne me regarde pas", "c'est pas vrai", c'est une pente glissante qui est inquiétante. »

La crise de confiance dans les institutions

« [...] un certain nombre de personnes savent très bien qu'elles ont des droits, n'arrivent pas à y accéder et ça crée une forme de rancœur et de non-sens. Enfin pourquoi je vais aller voter puisque, de toutes les manières, de fait, j'ai le sentiment qu'on m'exclut de la société[2] [...] ? C'est

1. L'IA avait écrit « en France depuis toujours ».
2. L'IA répète cette citation déjà utilisée dans la sous-section « Une forme de renoncement aux droits ».

absolument ça. » C'est par cette analyse que la défenseure des droits résume l'un des effets collatéraux de l'ineffectivité des droits constatée en France : la défiance croissante envers les institutions. Les obstacles bureaucratiques, la dématérialisation mal maîtrisée des services publics, le non-recours par renoncement ont fragilisé le lien de confiance entre une partie des citoyens et l'État. Au point de remettre en cause la légitimité même de notre démocratie représentative.

Un sentiment d'arbitraire administratif

Premier facteur de cette défiance selon Claire Hédon : le sentiment d'arbitraire, d'absurdité kafkaïenne auquel se heurtent de nombreux usagers dans leurs démarches administratives[1]. Le philosophe Gaspard Kœnig[2] abonde dans ce sens. Selon lui, la bureaucratisation croissante de la société place l'individu dans une situation de soumission et d'incompréhension. « La question de la bureaucratisation est une question absolument centrale de notre société parce que ce n'est pas seulement une question d'il y a trop d'administration, d'administratif ou de paperasse, c'est une question beaucoup plus fondamentale, existentielle. Pourquoi est-ce qu'on a mis en place cette bureaucratie ?

1. L'IA reprenait ici deux éléments déjà utilisés dans la section sur le RSA : « Elle prend l'exemple des bénéficiaires du RSA, dont les droits sont sans cesse remis en cause pour des motifs futiles, voire vexatoires : un cadeau de 50 euros à Noël, la vente d'habits devenus trop petits… Tout est prétexte au soupçon. "C'est vous montrer jusqu'où va le contrôle, jusqu'où va le non-respect de certains droits fondamentaux et d'un reste à vivre suffisant qui est aussi inscrit dans la loi et dans la Constitution", s'agace-t-elle. »
2. L'IA reprécisait ici : « autre intervenant de la table ronde »

Y compris d'ailleurs dans le secteur privé, ce n'est pas mieux dans le secteur privé que dans le secteur public, c'est par une volonté de contrôle, ce n'est pas une volonté de se préserver du risque. » Cette inflation bureaucratique engendrerait un profond sentiment d'arbitraire pour le citoyen lambda.

La police en ligne de mire

Autre cas emblématique de cette défiance : la police. Suite à des affaires de violences policières, comme celle de Michel Zecler fin 2020[1], l'image des forces de l'ordre s'est sérieusement dégradée dans une partie de la population. Là encore, l'absence de sanctions appropriées contre les policiers fautifs alimente le sentiment d'arbitraire. « [...] c'est indispensable de reconnaître les moments où il y a des dérapages, parce que c'est ça qui crée la confiance. La confiance, elle se rétablit, justement, à partir du moment où des comportements qui sont inadmissibles sont sanctionnés[2] », estime Claire Hédon.

C'est le rôle[3] du défenseur des droits, chargé du « contrôle externe » de la déontologie policière en France. Claire Hédon se bat pour que les dérapages soient reconnus, et réellement punis. Mais elle sait aussi que ces tensions ne sont pas le fait de la seule police. Elles traduisent un malaise social bien plus large, notamment dans certains

1. C'est un ajout de l'IA.
2. L'IA citait : « Ce qui crée la confiance, la confiance elle se rétablit quand justement, à partir ? Moment où il y a des comportements qui sont inadmissibles, ils sont sanctionnés ».
3. L'IA avait écrit : « C'est justement le rôle », ce qui créait une répétition du mot cité au paragraphe précédent.

quartiers populaires. « On ne peut pas faire porter la question de ce qui se passe dans ces zones urbaines uniquement sur la police, en confrontation avec les jeunes ou sur l'éducation en confrontation avec les jeunes. C'est une question de société plus large », estime la défenseure des droits.

La critique du « modèle républicain »

Signe qui ne trompe pas sur l'ampleur de cette défiance : certains n'hésitent plus à remettre en cause frontalement le modèle républicain français dans son ensemble. C'est le cas de Gaspard Kœnig. Selon le philosophe libéral, « les gens considèrent que le droit n'est pas fait pour eux » à force de normes absconses. Dès lors, « les gens vous disent, faut faire sauter le système ! » Cette critique radicale ne viendrait pas des « révolutionnaires » ou des « idéologues », mais au contraire des « honnêtes gens » qui devraient constituer le socle de la « macronie ». « Les gens qui vous disent aujourd'hui "faut faire sauter le système", c'est pas forcément les révolutionnaires, les radicalisés, les idéologues, c'est au contraire les gens qui ont une vie parfaitement conventionnelle, si je puis dire, mais qui considèrent que ce système les a tellement emmerdés, qu'ils ont été victimes de tellement de choses absurdes, qu'ils n'arrivent tellement plus à recourir à des choses fondamentales, qu'ils disent "bah en fait, cet état de droit a été conçu par des gens qui ne comprennent pas la manière dont je vis, qui m'impose des trucs qui ne correspondent absolument pas à la réalité du terrain, qui en plus me l'impose avec violence". [Il] faut voir l'effet que ça fait quand la police de l'eau arrive armée dans les fermes, les gens remarquent ça, c'est pas des symboles innocents », assène Gaspard Kœnig. Pour le philosophe, cette critique est même en train de « contaminer » le cœur de la société[1]. « [...] c'est ces mêmes honnêtes gens qui, aujourd'hui, sont dans un état de rejet total et prêts à ne pas voter ou voter pour n'importe quoi ». Un constat qui fait froid dans le dos... Face à cette remise en cause radicale, Claire Hédon se veut moins alarmiste. Selon elle, « il faut chercher à comprendre le pourquoi » de cette défiance[2]. Mais elle concède que les tensions sont réelles, en particulier avec la police dans certains territoires. La défenseure des droits en est persuadée : rétablir la confiance avec une partie de la population passe d'abord par une meilleure effectivité des droits. Une fois que ceux-ci seront garantis à tous, et de manière compréhensible et simple[3], alors la critique envers les institutions républicaines pourra être désamorcée.

Remettre l'usager au centre du service public

Face au constat implacable dressé pendant[4] cette table ronde sur l'ineffectivité des droits et la défiance grandissante envers les institutions, la question centrale devient celle des solutions à apporter pour restaurer un État de droit digne de ce nom. Claire Hédon et Gaspard Kœnig ont chacun

1. L'IA avait reconstitué une citation de toute pièce en collant trois morceaux de phrases, dont une plus éloignée : « C'est au contraire les gens qui ont une vie parfaitement conventionnelle [...] qui considèrent que ce système les a tellement emmerdés qu'ils sont prêts à ne pas voter ou voter pour n'importe quoi. »
2. Claire Hédon a employé ces termes pour parler des révoltes urbaines.
3. L'IA avait placé « compréhensible et simple » entre guillemets, ce n'est pas une citation.
4. L'IA avait écrit ici « during » au lieu de « pendant ».

leur approche, mais se rejoignent sur un point : il est urgent de garantir des droits réels, compréhensibles et accessibles à tous les citoyens, en particulier les plus vulnérables. C'est la condition pour renouer le lien de confiance et redonner corps à nos idéaux démocratiques[1].

Pour la défenseure des droits, la priorité est de replacer l'usager au centre des préoccupations du service public. Elle appelle à un retour aux fondamentaux[2] du service public, dont la vocation première devrait être de « servir le public ». Claire Hédon enjoint ainsi l'État à « s'adapter » aux citoyens, et non l'inverse. La dématérialisation à marche forcée l'a fait oublier, en exigeant de l'usager qu'il s'« équipe », se « forme », et réalise ses démarches avec précision, sous peine de subir les foudres de l'administration. Plutôt que de contraindre les citoyens à entrer dans des cases bureaucratiques toujours plus complexes, il s'agirait de simplifier drastiquement l'accès aux services publics. La défenseure des droits propose par exemple de passer les titres de séjour de un an à deux ou trois ans de validité. Cette simple mesure, purement administrative, fluidifierait considérablement le traitement des dossiers dans les préfectures saturées. De quoi améliorer concrètement le quotidien des usagers concernés.

1. L'IA avait placé ce paragraphe dans une sous-section à part intitulée « Plaidoyer pour des droits effectifs et une société plus libre » que nous avons fusionnée avec la sous-section suivante.
2. L'IA avait placé « retour aux fondamentaux » entre guillemets, la tournure employée était « revenir aux fondamentaux »,

Droits individuels et inconditionnels

Gaspard Kœnig[1] insiste quant à lui sur la nécessité de garantir des droits individuels, c'est-à-dire détachés de la logique familiale encore prégnante. Mais aussi et surtout des droits inconditionnels, sans contrepartie. Il rappelle que les principes fondateurs de nos démocraties, dont la Déclaration des droits de l'homme et du citoyen de 1789, posent des droits absolus et non des « droits et devoirs ». « La question devient, quelle est la liste de ces droits qui sont absolus et inconditionnels[2] ? », interroge Gaspard Kœnig. Selon lui, cette liste devrait inclure un « droit à la subsistance », compris comme un revenu minimum garanti à tous sans contrepartie. L'allocation universelle, ou « revenu universel » tant débattu, répondrait à cette aspiration. Elle constituerait un filet de sécurité, une forme de « droit au minimum vital » permettant de se projeter vers l'avenir. À l'inverse, la logique de contreparties et de contrôles à l'œuvre derrière le RSA produit une « soumission » des plus précaires à l'arbitraire bureaucratique, déplore le philosophe.

Vers des droits « effectifs »

Enfin, Claire Hédon et Gaspard Kœnig s'accordent sur la nécessité de garantir l'effectivité concrète des droits. Au-delà des grands principes gravés dans le marbre des textes fondateurs, l'enjeu est de les rendre compréhensibles, accessibles et faciles à faire valoir au quotidien.

1. L'IA rappelait avant « Philosophe libéral ».
2. Gaspard Kœnig exprimait cette interrogation à propos du RSA.

Gaspard Kœnig fustige ainsi « l'inflation normative » qui résulte de la propension française à tout vouloir régenter par la loi. Selon lui, le despotisme bureaucratique[1] qui en résulte empêche l'accès réel aux droits théoriques. Une simplification drastique s'impose donc, que chaque gouvernement promet sans jamais la mener à bien. « Le politique ne peut plus changer, on ne peut plus simplifier », déplore le philosophe. Pire, la dématérialisation aurait accru ce « mur » bureaucratique en permettant d'empiler encore et toujours de nouvelles normes. Les deux intervenants s'accordent donc sur la nécessité de « casser ce système » kafkaïen[2], pour reprendre l'expression de Gaspard Kœnig.

Défendre la diversité des modes de vie

Au-delà de la question de l'accès aux droits, Gaspard Kœnig appelle à défendre la diversité des modes de vie permise par nos sociétés démocratiques. Il met en garde contre les discours sur les « valeurs républicaines » qui visent selon lui à uniformiser les comportements. La liberté implique au contraire de laisser s'épanouir les minorités, y compris lorsqu'elles ont des codes différents du reste de la société. C'est à ce prix que pourra s'enraciner une culture du respect des libertés individuelles. « C'est précisément en assurant la liberté des gens les plus divers, y compris des gens dont on ne partage pas ni le mode de vie ni les valeurs » qu'on y parviendra, affirme Gaspard Kœnig. La laïcité elle-même, rappelle-t-il, n'interdit nullement les signes religieux dans

1. L'IA avait placé ces termes entre guillemets. Ceux de Gaspard Kœnig étaient « despotisme démocratique ».
2. En tout l'IA aura choisi de reprendre cinq fois le terme « kafkaïen », employé par Gaspard Kœnig, dans ce court texte.

l'espace public. Seule l'école fait exception, pour protéger les enfants. Bref, pour le philosophe, « l'objectif premier d'une société libre, c'est qu'on puisse vivre dans sa marge[1] ». Claire Hédon abonde dans ce sens : la discrimination des minorités finit toujours par nuire à tous.

Vers une société des droits effectifs

Au terme de cette analyse, un constat s'impose : l'ineffectivité des droits et la défiance qu'elle suscite mettent à mal le pacte républicain. Pour renouer le dialogue et restaurer la promesse démocratique, un aggiornamento s'impose : simplifier l'accès aux services publics, garantir des droits individuels et inconditionnels, lutter contre l'arbitraire bureaucratique. Mais aussi et surtout, faire preuve d'une tolérance plus grande envers la diversité des modes de vie. Car liberté et égalité se nourrissent mutuellement. Sans droits effectifs pour tous, pas de cohésion nationale possible. C'est à ce prix que la France parviendra à combler le fossé qui la sépare d'une partie de sa jeunesse et de ses citoyens. Claire Hédon et Gaspard Kœnig lancent ici un appel à faire vivre nos idéaux démocratiques. À nous de le mettre en pratique[2].

1. L'IA citait : « le but d'une société libre, c'est qu'on puisse vivre dans ses marges ».
2. Cette dernière phrase est une libre interprétation de l'IA.

Vive le passé !

Avec Boris Cyrulnik et Charles Pépin, animation de Denis Lafay

Vive le passé, en effet. Mais pas n'importe lequel. Celui qui séquestre et assèche, qui fige et isole, non. Celui qui nourrit et libère, qui dynamise et projette – même lorsqu'il est indicible –, oui. « Notre bonheur dépend de notre capacité à bien vivre avec notre passé », rappelle le philosophe Charles Pépin dans son essai *Vivre avec son passé ; une philosophie pour aller de l'avant* (Allary, 2023). Le terme le plus essentiel du titre est la préposition *avec* – en opposition à *contre*, *outre*, ou *sans* –, conditionnée à la « qualité » du rapport que nous entretenons au legs culturel, familial, affectif, mais aussi au souvenir et à la mémoire. Quelles sont les clés d'un rapport à notre héritage qui soit affranchi mais conscient, émancipateur mais respectueux ? un rapport qui, sans amnésie, ni idolâtrie, ni imposture « tire » le meilleur du passé sans nier ses lourds orages ? un rapport donc qui soit juste, entreprenant et créatif ? Le dialogue entre le philosophe et le neuropsychiatre Boris Cyrulnik est radieux.

D.L.

Le passé est-il une prison dont il faut s'évader, ou un refuge réconfortant face à un présent anxiogène ? Doit-on le célébrer ou l'occulter pour avancer ? Ces interrogations traversent notre époque, tiraillée entre nostalgie du temps jadis et fascination pour le progrès. Dans ce chapitre[1] issu d'une passionnante table ronde, deux penseurs éminents, le psychiatre Boris Cyrulnik et le philosophe Charles Pépin, nous livrent leurs lumières sur cette relation complexe au temps passé. Ni déni ni sacralisation : ils dessinent une voie du juste milieu pour apprivoiser notre héritage temporel. Leurs analyses convergentes démontrent[2] la plasticité de la mémoire, matière narrative que l'on peut sans cesse remodeler par le récit.

Dès lors, chacun a la faculté de réorganiser son passé pour l'intégrer de manière constructive. Mais cette reconquête est un lent travail d'acceptation et de discernement pour panser les blessures intimes, verbaliser sans complaisance, assumer les héritages collectifs, sans résignation mais sans haine, et nourrir ce terreau mémoriel pour continuer à grandir, individuellement et collectivement. En filigrane, nos deux auteurs invitent à retrouver une forme

1. L'IA avait écrit : « cet ouvrage ».
2. L'IA avait écrit « mettent en lumière », ce qui créait une répétition avec « leurs lumières ».

de sagesse face au temps. À accueillir les leçons du passé sans s'y enfermer, pour enrichir un présent qui ne demande qu'à advenir.

Le passé, une matière malléable

« Nous sommes à partir de ce que nous avons été[1] [...]. » Cette phrase, lancée par l'animateur Denis Lafay, résume parfaitement l'essence de notre rapport au passé. Loin d'être figé une fois pour toutes, notre passé nous constitue et nous détermine. Pourtant, s'il sculpte notre présent, il ne doit pas nous enfermer dans la répétition ou la nostalgie stérile. Comment dès lors apprivoiser ce passé, pour en faire un tremplin vers l'avenir plutôt qu'un carcan ? Telle est la problématique soulevée par cette passionnante table ronde. Pour les intervenants, la clé réside dans le récit : en remodelant sans cesse le passé par nos paroles et nos écrits, nous pouvons l'intégrer de manière constructive.

Le récit, outil de reconstruction du passé

« Nous pouvons tous choisir [...] de nous tourner davantage vers l'avenir que vers nos souvenirs », affirme Charles Pépin en convoquant l'image de David Bowie, artiste tourné vers le futur en dépit d'une enfance difficile. Un vœu pieux ? Pas forcément, à en croire le psychiatre Boris Cyrulnik. Selon lui, la plasticité du passé permet de le remodeler par la narration. À travers la verbalisation et l'écriture, nous pouvons réorganiser notre représentation du passé. En revisitant intentionnellement certains événements, nous pouvons façonner nos souvenirs pour en faire

1. L'IA écrivait : « On n'est à partir de ce que nous avons été ».

un nouveau récit[1], analyse-t-il. Cette possibilité de réécriture est confirmée par les recherches en neurosciences. Chaque souvenir reconsolidé est partiellement réécrit[2], explique Charles Pépin. Lors de sa réactivation, le souvenir de long terme est retravaillé dans la mémoire de court terme avant d'être renvoyé en mémoire à long terme. Ce phénomène de « reconsolidation » induit donc de légères modifications à chaque évocation. Dès lors, le passé apparaît malléable, ouvrant la possibilité d'en proposer de nouvelles narrations. « On peut remanier la mémoire, ça ne veut pas dire tricher, ça ne veut pas dire mentir, surtout pas », précise Boris Cyrulnik, « ça veut dire agencer les souvenirs [...] pour en faire une mémoire vivante donc évolutive[3]. » C'est ce processus de « récapitulation créatrice », cher à Bergson, qui permet, selon Charles Pépin, de « ressaisir son histoire dans le mouvement par lequel on va de l'avant ». Loin d'être figée, la mémoire se réinvente au présent pour se projeter dans l'avenir.

Impossible de faire table rase du passé

Cette plasticité du passé semble ouvrir une voie royale pour faire table rase d'épisodes douloureux, en les gommant, voire les niant. Mais c'est là une illusion dangereuse, mettent en garde les intervenants. On ne peut pas

1. L'IA avait placé cette phrase entre guillemets, or ce n'est pas une citation mais une idée synthétisée par le neuropsychiatre.
2. Idem pour le philosophe.
3. L'IA avait écrit : « On peut remanier la mémoire, ça ne veut pas dire tricher ou mentir, précise Boris Cyrulnik. Cela signifie agencer les souvenirs pour en faire une mémoire vivante, évolutive », ce qui n'est pas la citation exacte.

s'affranchir de son histoire[1], rappelle Denis Lafay. Même refoulé ou tenu secret, le passé continue d'agir et de modeler le présent à notre insu. D'où l'impasse que constitue le déni. « On ne peut pas changer le passé, au sens des épisodes qui ont eu lieu, mais on peut changer beaucoup de choses que le passé a laissées en nous[2] », surenchérit Charles Pépin. Traces émotionnelles, schémas de pensée, règles de vie… Ces marques laissées par le passé sont autant de matériaux que l'on peut retravailler. L'écrivain Jorge Semprún en fait les frais : son choix d'occulter son passé concentrationnaire se solde par une sévère dépression. L'oubli volontaire prôné par certains peut se révéler néfaste à long terme[3], constate Boris Cyrulnik.

La mémoire est sélective et créative

S'il est vain de nier le passé, on peut en modifier la narration. Car la mémoire est par essence sélective et créative, rappelle Boris Cyrulnik. Elle conserve et reconstruit certains fragments en fonction de notre humeur présente. C'est particulièrement visible lorsqu'on explore sa généalogie, cette

1. L'IA avait placé cette phrase entre guillemets, ce n'est pas une citation.
2. L'IA citait : « Ce n'est pas parce qu'on ne peut pas changer les épisodes passés que l'on ne peut rien changer à ce que ce passé a laissé en nous ».
3. L'IA avait placé cette phrase entre guillemets, la phrase originale étant : « Jorge Semprún parle d'oubli volontaire, il parle d'amnésie volontaire, on peut parler d'évitement ou presque de refoulement, ça dépend des contextes, ça peut être un piège parce que ce n'est pas parce que c'est nécessaire un temps que c'est salutaire toute la vie. »

narration façonnée de notre lignée. « Dans cette salle, on a tous parmi nos ancêtres une reine, une prostituée, un gendarme, un voleur, un débile et un prix Nobel[1] », plaisante le psychiatre. Pourtant, nous ne retenons bien souvent que les figures valorisantes pour élaborer le roman familial… quitte à prendre quelques libertés avec la réalité des faits. Cette réinvention personnelle s'appuie sur des sources externes, qui influent sur nos souvenirs à notre insu. Selon Boris Cyrulnik, la mémoire individuelle s'alimente largement aux récits collectifs diffusés dans la société par les médias, les politiques ou les artistes.

Influencer les récits collectifs

C'est là le paradoxe : notre mémoire individuelle se nourrit des grands récits collectifs ambiants, qui la façonnent en profondeur. Pourtant, nous avons la capacité d'influer sur ces récits pour les faire évoluer. L'historien Paxton l'a montré en exhumant les archives de Vichy, offrant un nouvel éclairage sur la période de l'Occupation et la collaboration. De même, le film *La bataille d'Alger* a transformé le regard porté par les Français sur la guerre d'Algérie. Dès lors, en faisant évoluer les narrations collectives, nous pouvons indirectement modifier les souvenirs personnels qui s'y abreuvent. L'enjeu est donc moins de nier notre passé que d'en proposer de nouveaux récits, à l'échelle individuelle comme collective. Cette analyse de la mémoire comme matière narrative, façonnable par le récit, éclaire d'un jour nouveau notre rapport au passé. Ni totalement figé

1. L'IA avait cité : « Chacun a une reine, une prostituée, un gendarme, un voleur, un débile et un prix Nobel dans ses ancêtres ».

ni totalement flexible, celui-ci constitue un matériau que l'on peut – et doit – sans cesse retravailler par la narration. Le passé influe sur notre présent, mais cette influence peut être orientée constructivement par un habile exercice de réinvention permanente.

Se libérer d'un passé douloureux

Apprivoiser son passé pour l'intégrer de manière constructive, soit. Mais que faire lorsque ce passé charrie son lot de traumatismes et de souffrances ? Comment se libérer de ses démons intérieurs sans sombrer dans le déni ou la répétition mortifère ? Nos deux intervenants livrent quelques pistes pour surmonter les épisodes douloureux du passé. En filigrane, c'est tout un art du « travail de mémoire » qui se dessine. Un exercice délicat d'acceptation sans résignation, pour retrouver une forme de sérénité.

Les dangers du silence et de l'oubli

« Le silence transmet plus que les paroles », affirme Boris Cyrulnik. Lorsqu'un épisode traumatique est tu, refoulé faute de pouvoir être énoncé, il n'en est que plus toxique. Le psychiatre l'a éprouvé dans sa chair suite à son évasion d'un camp de la mort à l'âge de 6 ans. Contraint au silence dans l'après-guerre, occupé à survivre, l'enfant qu'il était alors refoule ses souvenirs déchirants. Résultat : une blessure ouverte, un trauma figé dans une « mémoire toxique » qui le hante nuit et jour. Prisonnier de ce passé indicible, il se trouve « coupé en deux ». L'amnésie volontaire prônée par certains se révèle tout aussi fallacieuse[1]. L'écrivain Jorge Semprún en fait l'amer constat : son choix

1. L'IA avait écrit : « falécieuse ».

d'occulter ses souvenirs de déportation le rattrape sous forme de violents cauchemars[1]. « Ce qui est tu grossit », disait Audiberti[2].

Le travail de mémoire comme libération

À l'inverse, mettre des mots sur la souffrance – à l'oral ou à l'écrit – peut avoir un effet libérateur. La verbalisation permet de remanier ses souvenirs douloureux pour leur donner un sens nouveau[3], estime Boris Cyrulnik. C'est ce difficile « travail de mémoire » qu'entreprend Jorge Semprún en publiant en 1994 *L'écriture ou la vie*[4], où il revient sur son traumatisme concentrationnaire. Un lent travail d'élaboration et d'acceptation qui lui permet enfin d'apaiser ses blessures. Mais attention, ce travail sur la mémoire requiert parfois un « sas de protection[5] », avertit Charles Pépin, lorsque la parole se révèle prématurée. Certains rescapés de l'Holocauste ont besoin d'un temps de latence avant de pouvoir verbaliser[6], observe-t-il.

---

1. L'IA réutilise ici un exemple précédemment cité.
2. Cette citation est un ajout de l'IA.
3. L'IA avait placé cette phrase entre guillemets, or ce n'est pas une citation.
4. Jorge Semprún, *L'écriture ou la vie*, Paris, Gallimard, 1994.
5. Ce terme de « sas de protection » est employé par Denis Lafay dans une de ses questions : « Bien gérer son passé, c'est parfois mettre un sas de protection, justement, entre ce passé et soi, entre l'indicible et soi, le trauma et soi, pour enfin pouvoir en parler ? » Ce à quoi Charles Pépin répond que, à l'image de Jorge Semprún, on n'est parfois pas responsable de la création de ce sas (« Personne ne voulait entendre ce qu'il avait à dire »).
6. L'IA avait placé cette phrase entre guillemets, or ce n'est pas une citation.

L'écriture et la verbalisation comme exutoires

Plus largement, l'écriture ou la verbalisation jouent un rôle d'exutoire face au traumatisme. Elles permettent de poser des mots sur l'indicible, d'extérioriser la souffrance hors de soi. Boris Cyrulnik en témoigne : publier ses mémoires fut pour lui une manière de conjurer l'emprise toxique des non-dits. Mais pour que cet exercice narratif soit constructif, encore faut-il accepter de revisiter les lieux de sa blessure. On peut voyager dans une scène douloureuse pour en changer l'éclairage[1], remarque Charles Pépin, évoquant certaines thérapies. C'est là tout l'art du « travail de mémoire » : retourner avec courage mais sans masochisme sur les chemins de son passé, pour l'apprivoiser enfin.

Nostalgie constructive versus nostalgie paralysante[2]

Quid de la nostalgie dans tout cela ? Ce doux-amer attachement au temps jadis peut se révéler paralysant, si l'on se complaît dans un passé idéalisé qui n'est plus. Vivre dans le passé empêche d'avancer[3], rappelle Denis Lafay. Mais replonger avec discernement dans ses racines permet de les assumer pleinement pour ensuite tracer sa route.

---

1. L'IA plaçait cette phrase entre guillemets, or ce qu'a dit Charles Pépin : « il y a même des formes de thérapie, comme dans le reparentage, où on va voyager dans une scène douloureuse en faisant intervenir une personne du présent dans cette scène. Et dans ce cas-là, on peut davantage changer le passé pour pouvoir faire la paix avec lui et non pas faire la paix avec lui parce qu'il n'est pas possible de le changer. »
2. Terme non employé lors du débat.
3. Phrase placée entre guillemets qui n'est pas une citation.

« On peut être heureux d'avoir été heureux par le passé[1] », positive Charles Pépin. Une nostalgie constructive, qui accepte la perte pour mieux savourer l'héritage reçu. En somme, le travail de mémoire invite à une forme de résilience face aux traumatismes passés. Ni ignorer ni rester prisonnier, mais les apprivoiser pour s'en libérer. Le moyen privilégié : la narration, qui permet de réorganiser le passé pour en faire un allié plutôt qu'un ennemi. Car notre rapport au temps passé se joue avant tout dans la manière dont nous le racontons, l'interprétons, le mettons en récit.

Pardon et spiritualité

Quid[2] du pardon lorsque le passé est trop lourd à porter ? Comment dépasser collectivement un événement traumatique ? Et en quoi nos croyances influencent-elles notre rapport au temps ? Autant de questions délicates soulevées durant la table ronde. Si le pardon peut avoir une vertu libératrice, il a aussi ses limites que nos intervenants explorent avec sagesse. Surgit alors l'importance du travail de mémoire et de reconnaissance collective des drames passés. Enfin, la foi se présente comme une tentative d'échapper au temps, quand la spiritualité laïque invite à l'apprivoiser avec lucidité.

---

1. Charles Pépin disait précisément : « [...] on pourrait – si on se calmait, et si on retrouvait le bon souvenir, si on y replongeait avec délicatesse, en prenant quelques instants – être heureux d'avoir été heureux et non pas nostalgique que ce bonheur ne soit plus ».
2. L'IA débute une nouvelle fois son paragraphe par « Quid ».

Les impasses du pardon

Le pardon est parfois présenté comme une potion magique face aux offenses subies. Le pardon libère à la fois victimes et coupables[1], rappelle Charles Pépin dans un premier temps. Las, cette absolution comporte des ombres qu'il convient de sonder. Tout d'abord, le pardon ne se décrète pas. Forcer une réconciliation avant que la victime ne soit prête peut s'apparenter à une violence supplémentaire. « Ce n'est pas parce que c'est nécessaire un temps que c'est salutaire toute la vie[2] », analyse le philosophe. De fait, certaines victimes refusent catégoriquement d'absoudre leurs bourreaux, et cette colère leur est vitale. L'auteure Virginie Despentes revendique ainsi de ne pas pardonner à son violeur. De même pour l'écrivaine Neige Sinno[3], violée durant son enfance, qui confie dans un récent ouvrage : « je n'ai pas envie de pardonner à mon beau-père ». Le pardon serait-il alors impossible face aux crimes les plus abominables ? Rien n'est moins sûr. Si Boris Cyrulnik salue la grandeur d'âme de certains survivants de la Shoah, il constate aussi combien l'absolution reste hors de portée pour beaucoup. Le pardon ne se commande pas[4].

Le temps long du travail de mémoire

Cette question nous ramène au temps long que requiert le travail de mémoire. Avant le pardon peut advenir la

1. L'IA avait placé entre guillemets ce concept exprimé en d'autres termes par Charles Pépin.

2. Le philosophe a effectivement dit cela, mais à propos de l'amnésie volontaire et non du pardon.

3. L'IA avait écrit : « Sinan ».

4. L'IA débutait une nouvelle fois sa phrase par « Las ».

reconnaissance publique des souffrances endurées. Or bien des drames collectifs restent mal digérés, leur gravité édulcorée par l'oubli. L'historien Paxton l'a montré en exhumant les archives sur la période de Vichy. Des décennies durant, la collaboration a été euphémisée dans la mémoire nationale. Et lorsque des voix s'élèvent pour dénoncer un passé refoulé, elles se heurtent souvent à l'incrédulité ou à l'hostilité. Pour Boris Cyrulnik, la guerre d'Algérie fut ainsi frappée du sceau du tabou, jusqu'à ce qu'un film italien, *La bataille d'Alger*, vienne révéler aux Français les tortures et crimes perpétrés de l'autre côté de la Méditerranée. Là encore, il fallut des décennies pour qu'émerge une parole libérée sur la sale guerre[1]. Dès lors, pardonner trop tôt revient à escamoter ce lent travail de mémoire et de reconnaissance publique des drames passés. C'est leur dénier la gravité et fermer la possibilité d'en tirer les leçons politiques. Le « devoir de mémoire » est un préalable à la réconciliation.

Garder sa colère, refuser la résignation

Parfois, le refus de pardonner traduit ce refus de la résignation et de l'oubli. La colère, assumée, est alors une manière de signifier que l'offense subie ne sera pas effacée par le temps. Elle maintient vive et agissante la blessure endurée. « Garder sa rancœur, c'est se garder de la résignation », écrivait Jean Guitton dans une formule saisissante[2]. La rancœur appelle la dette imprescriptible et l'honneur

1. L'IA réemploie ces mêmes exemples précédemment cités de Paxton et *La bataille d'Alger* dans la sous-section « Influencer les récits collectifs ». Également, les termes « sale guerre » sont choisis par l'IA.
2. Référence choisie par l'IA et non mentionnée lors du débat.

bafoué. Elle affirme que le mal commis ne saurait sombrer dans l'insignifiance. Boris Cyrulnik abonde dans ce sens lorsqu'il analyse la haine farouche portée par certains déportés à leurs tortionnaires. Une haine qui leur permet de rester debout et de ne pas absoudre l'impardonnable. Une colère obstinée qui leur tient lieu de dignité face à l'infamie. Certes, cet attachement à la vindicte peut devenir une prison. Mais refuser trop vite de pardonner, n'est-ce pas trahir la part d'humanité qui se révolte face au mal radical et aspire à une justice même impossible[1] ?

Les ressorts de la croyance

Changement de focale avec la question des croyances religieuses qui poursuit nos experts. En quoi influent-elles sur notre appréhension du temps ? Pour Boris Cyrulnik, les rites funéraires expriment notre capacité à imaginer une continuité de l'être aimé après sa mort. Plus largement, les religions traduisent le refus de l'homme de se voir anéanti par le temps. Elles portent l'intuition qu'une part de nous échappe à l'usure implacable des années. Une quête d'éternité qui trouve dans le divin un ultime recours. Charles Pépin propose un éclairage complémentaire. En contemplant à travers nos souvenirs le chemin parcouru, on acquiert l'impression troublante d'avoir « échappé au temps ». Dès lors, la mémoire autobiographique peut donner le sentiment de toucher à l'immortalité de l'âme. La recherche de spiritualité traduirait donc ce désir lancinant d'échapper à notre condition temporelle. Une soif d'absolu qui trouve dans la religion une forme de réponse, imparfaite et symbolique.

1. C'est une liberté de l'IA.

La maladie d'Alzheimer, figure de l'oubli

C'est lorsque la mémoire vacille que cette vulnérabilité au temps se manifeste dans toute son acuité. Dans la maladie d'Alzheimer, le sentiment de continuité du « je » se dissout à mesure que les souvenirs s'effacent. « Perdre la mémoire, c'est perdre son identité[1] », constate Charles Pépin. L'usure inexorable des facultés cognitives confronte douloureusement à l'emprise du temps. Elle révèle combien nous sommes ce fragile assemblage de souvenirs et de perceptions. Pourtant, tout n'est pas perdu. Par instant, l'être aimé semble réémerger tel un spectre sous les traits délavés du malade. Suffisamment pour éveiller l'amour et le chagrin des proches. Suffisamment pour rappeler que nous sommes plus que de pures consciences : des corps vulnérables, habités par le mystère de nos fragments d'humanité éparpillés[2].

Au terme de ces passionnantes analyses, une certitude demeure : apprivoiser son passé est une tâche ardue mais nécessaire. L'oublier ou le sacraliser mène à l'impasse. Seul

1. L'IA a produit cette citation en se basant sur une des questions de Denis Lafay : « [...] j'extrais une phrase de votre livre, vous dites que perdre la mémoire, c'est perdre notre identité. Je me souviens, donc je suis. On pourrait d'ailleurs ajouter : je suis parce que je peux me souvenir. Qui sommes-nous lorsque nous sommes frappés par la maladie d'Alzheimer ? »
2. L'IA développe la pensée de Charles Pépin exprimée en ces termes à propos de la maladie d'Alzheimer : « Ce qui est troublant, c'est ces moments où soudain l'être resurgit, et c'est ça qui est d'ailleurs le plus perturbant quand on a un proche atteint par ça, c'est qu'à un moment il revient, on a retrouvé l'être. Et puis soudain il repart et on est extrêmement brusqué par ce va-et-vient. »

un travail patient de mémoire et de narration permettra de l'intégrer pour mieux sculpter l'avenir. La clé ? Le discernement. Refuser aussi bien l'amnésie que la rumination stérile. Accueillir les blessures sans s'y complaire. Et puiser dans ce travail mémoriel intime les ressorts pour grandir et se réconcilier – à son propre rythme. Une leçon de sagesse et d'humilité, qui rappelle que face à notre passé comme face à la fuite du temps, nul ne détient de formules magiques ou de raccourcis. Seule une vigilance de chaque instant permettra de faire de cette matière volatile qu'est la mémoire un terreau pour demain[1].

1. Il s'agit d'une conclusion propre à l'IA.

L'art, l'acte politique par excellence

Avec Laurence Bertrand Dorléac et Cédric Villani, animation de Denis Lafay

L'art est un *acte* politique quand l'œuvre dénonce, alerte, revendique, fait réagir. Quand elle rassemble ou désunit, quand elle interroge ou console au sein d'un collectif. Quand elle stimule l'esprit critique, l'émancipation, l'individuation. Il est un acte politique lorsque l'auteur est un résistant, un combattant, un éclaireur, mais aussi, plus humblement, un simple passeur. Il devient, enfin, un *sujet*, un enjeu politique quand il est défié par l'idéologie, le sectarisme et la censure, par les nouvelles technologies, la mondialisation marchande et les nouveaux comportements sociaux. L'historienne de l'art, professeur à Sciences Po Paris et présidente de la Fondation nationale des sciences politiques Laurence Bertrand Dorléac développe enseignements, commissariats d'exposition et ouvrages qui constituent autant de précieuses boussoles sur les *attributs politiques* de l'art. Face à elle : le mathématicien et ex-député Cédric Villani, féru d'*art* – et des « outils » technologiques qui déterminent les mutations créatives – et de *politique*. À eux deux, une approche détonante de l'« art politique ».

D.L.

L'art et le politique entretiennent depuis toujours des rapports étroits, faits de fascination et de méfiance. Dès l'aube des civilisations, le pouvoir observe avec crainte et jalousie ces créateurs capables de révéler, d'influencer et de mobiliser. Face à l'art, miroir impertinent et force subversive, le politique use tour à tour de la censure, du contrôle, de la manipulation. Mais cette relation tumultueuse recèle aussi des promesses. Car l'art peut ouvrir de nouveaux horizons, fournir des grilles de lecture inédites, alerter sur les dérives à venir. Sa liberté bousculante fertilise la pensée politique, l'empêche de s'enliser dans la langue de bois et l'immobilisme. C'est cette valse-hésitation entre art et politique qu'explorent l'éminente historienne de l'art Laurence Bertrand Dorléac et le mathématicien lauréat de la médaille Fields et ancien député Cédric Villani[1]. Leurs analyses fouillées sont ponctuées d'exemples historiques et d'anecdotes savoureuses. Attirance et répulsion, collaboration et

1. L'IA avait écrit : « C'est cette valse-hésitation entre art et politique que nous explorons dans cet ouvrage, en nous appuyant sur une passionnante table ronde organisée en 2023. Face à face, une éminente historienne de l'art, Laurence Bertrand Dorléac, et un mathématicien engagé en politique, Cédric Villani, dissèquent les mille nuances de ce couple infernal. Leurs analyses fouillées sont ponctuées d'exemples historiques et d'anecdotes savoureuses. »

affrontement : cette relation au long cours recèle encore bien des secrets. Ce débat lève[1] le voile sur les rouages d'un dialogue – parfois orageux, toujours créatif – qui a façonné nos sociétés. Car comprendre le passé de ce lien, c'est éclairer les défis à venir pour que perdure, entre art et politique, une féconde tension.

L'art, miroir et acteur du politique

« L'art est politique depuis la nuit des temps. » C'est par cette affirmation que le journaliste Denis Lafay, animateur du débat, ouvre ce dialogue passionnant[2]. Dès les premiers échanges, le ton est donné : l'art entretient un lien consubstantiel avec la cité et le politique. « Le mot vient […] du grec *polis*, donc c'est la cité. Tout ce qui a une relation avec la cité, avec les citoyens, les citoyennes », contextualise l'historienne. Elle en déduit logiquement qu'aucune œuvre ne flotte dans les airs, déconnectée du réel. Chaque création plonge ses racines dans le terreau d'une société donnée. « L'art n'est pas en lévitation au-dessus de nous, il est dans le monde, dans notre monde[3]. » Ces intellectuels éminents s'accordent sur un constat : l'art est politique

1. L'IA avait écrit : « Nos chapitres lèvent ».
2. L'IA avait écrit à tort : « "L'art est politique depuis la nuit des temps." C'est par cette affirmation que Laurence Bertrand Dorléac, éminente histoire de l'art et présidente de la Fondation nationale des sciences politiques ouvre le débat "L'art, l'acte politique par excellence". Animé par le journaliste Denis Lafay, ce dialogue passionnant réunit aussi le mathématicien Cédric Villani, lauréat de la médaille Fields et ancien député. », et répétait la présentation des intervenants.
3. L'IA attribuait à tort cette citation à Cédric Villani.

par essence, indissociable du corps social qui l'a vu naître. Cette relation symbiotique entre l'art et le politique s'est incarnée, au fil des époques, par un féroce contrôle des productions artistiques par l'autorité en place. « La censure de l'art est un classique de tout régime politique autoritaire qui veut s'imposer », rappelle Laurence[1] Bertrand Dorléac. Elle cite l'exemple contemporain du dessinateur algérien Dilem, contraint d'arrêter ses caricatures sous la pression du pouvoir. Quand celui-ci scrute et bâillonne la création, c'est qu'il la sait dangereuse et subversive. Elle surenchérit en mentionnant des cas bien français de censure politique. Dans les années 1960-1970, le régime gaulliste interdisait des chansons de Jean Ferrat ou Boris Vian, témoignant par là même de leur influence contestataire[2]. L'art contrôlé est un art qui dérange et déstabilise.

Mais au-delà de la censure, l'art est politique par essence car il offre une vision du monde, fruit d'une sélection. Dans « [...] toute démarche artistique, il y a un côté mise en scène [...] qui exprime une perspective[3] », décrypte Laurence Bertrand Dorléac. Tout artefact culturel reflète le regard que porte l'artiste sur la société, ses obsessions, ses angles morts. En ce sens, la démarche artistique elle-même, par les choix qu'elle opère, est fondamentalement politique. Cette interaction entre art et politique se manifeste de plus

---

1. L'IA nommait systématiquement dans ce texte les auteurs par « M. » ou « Mme », que nous avons remplacés par leur prénom.
2. L'IA attribuait cette pensée à Cédric Villani, or elle a été introduite par une question de Denis Lafay, et que Laurence Bertrand Dorléac a ensuite développée.
3. L'IA citait : « Il y a une mise en scène, une perspective ».

en plus aujourd'hui par l'importance croissante de l'esthétique et de la forme dans le débat public. « […] la politique devient une histoire de forme et donc une histoire de l'art », avance l'historienne de l'art. Pour étayer cette thèse, elle convoque la figure tutélaire de Greta Thunberg. Malgré un discours reprenant simplement les données du GIEC, la jeune activiste suédoise a embrasé l'opinion par son aura, sa radicalité et sa mise en scène. « Elle agit comme une performeuse », décrypte Laurence Bertrand Dorléac, rappelant l'ancrage artistique de Thunberg[1]. Son approche sensible[2] et émotionnelle de la politique, en rupture avec un monde rationnel, a séduit là où des années de plaidoyers échouaient. Cédric Villani abonde, célébrant en Greta une « héroïne » qui a su, par sa seule présence, faire bouger les lignes aux élections européennes de 2019. L'ombre de Donald Trump plane aussi sur ce premier échange. « Un génie de la communication et de la mise en scène artistique » utilisées à des fins maléfiques[3], décrit le mathématicien. L'ancien président américain a assis son ascension sur sa célébrité télévisuelle et son sens du spectacle. Laurence Bertrand Dorléac convient que « la forme l'emporte sur le fond » chez ce genre de personnalité politique.

Ainsi, art et politique nourrissent une fascinante proximité. D'un côté, l'art agit comme un puissant révélateur des travers de la cité. De l'autre, il offre aux acteurs politiques

1. « […] elle appartient à une famille d'artistes », disait l'historienne.

2. L'IA avait écrit « sensuelle ».

3. L'IA incluait dans la citation : « utilisées à des fins maléfiques », qui ne sont pas les termes exacts du mathématicien.

des clés pour séduire et rallier. Mais gare à ce que cette osmose ne verse dans la manipulation ou l'asservissement…

Tensions entre art et politique

Si l'art et le politique entretiennent des liens étroits, leur alliance peut aussi engendrer des tensions fécondes. Au cours de l'échange[1], plusieurs zones de friction ont ainsi émergé entre ces deux sphères. La question de la morale cristallise certains de ces débats. Faut-il protéger la création artistique de toute injonction morale ? Ou accepter que des principes éthiques puissent limiter la liberté de l'art ?

Pour Laurence Bertrand Dorléac, la réponse ne souffre aucune ambiguïté : « La morale, ce sont les codes de conduite, le bien, le mal. » L'artiste s'intéresse aux deux sans trancher[2]. Provocation assumée, l'art doit pouvoir choquer, malmener les consciences, interroger les normes. Cédric Villani abonde dans ce sens : « Il est légitime que ce soit à l'art d'assumer, de choquer, d'aller contre la morale[3]. » Seule limite acceptable à ses yeux : le respect des lois en vigueur. Si une œuvre incite à la haine ou approuve des crimes, la justice doit sévir. Ces intellectuels refusent donc toute ingérence moralisatrice entravant la liberté de création. Prenant l'exemple d'un tableau controversé exposé en 2022, Cédric Villani estime que l'art peut légitimement dénoncer en choquant. Laurence Bertrand Dorléac va plus

1. L'IA avait écrit : « Lors de ce dialogue animé par Denis Lafay ».
2. Cela faisait partie de la citation, mais n'était pas formulé exactement en ces termes. L'idée de l'historienne est toutefois respectée.
3. L'IA citait : « Il est légitime que l'art assume de bousculer, d'aller à l'encontre de la morale ».

loin[1] : « Les artistes disent nos fantasmes, nos terreurs. C'est comme dans les contes de fées, cela nous libère de la tragédie dans la réalité[2]. » Selon elle, l'art doit pouvoir explorer les zones d'ombre de l'âme, sous peine de voir la violence envahir la cité.

Autre point de friction régulièrement soulevé : l'indépendance des artistes face aux forces économiques. Le mécénat de grands groupes comme LVMH ou Kering, omniprésents dans le monde de l'art, interroge. Certains y voient un danger d'instrumentalisation et de formatage. « Faut-il se féliciter aveuglément[3] de ce philanthro-capitalisme ? », questionne Denis Lafay. Il faut que ces capitalistes fassent des propositions artistiques époustouflantes, à la pointe[4], lui répond Laurence Bertrand Dorléac. Selon elle, leur immense pouvoir appelle une responsabilité à la hauteur : repousser les limites de la création, au lieu de répéter des recettes éprouvées. Cédric Villani se montre plus mesuré. Certes, des dérives existent. Mais l'art a souvent nécessité de riches protecteurs pour s'épanouir. L'essentiel est que la société y trouve son compte, grâce à des œuvres qui n'auraient pu voir le jour autrement.

Troisième point de tension récurrent : l'instrumentalisation politique de l'art par des États controversés. Laurence Bertrand Dorléac relate ainsi son refus, en 2014, d'exporter au musée Pouchkine une exposition critiquant

1. L'IA avait écrit : « enfonce le clou ».
2. L'IA avait remplacé « dans la réalité » par « du réel ».
3. L'IA avait remplacé par « se réjouir ».
4. Nous retirons les guillemets car ce n'est pas une citation exacte mais une idée rapportée.

la guerre de Crimée[1]. Dans le contexte de l'annexion récente de la péninsule ukrainienne par la Russie, un tel transfert aurait pris un sens politique problématique. Des puissances comme le Qatar ou l'Arabie saoudite financent aussi généreusement la culture française, tout en bafouant les droits humains. Faut-il accepter cet argent ou opposer un refus éthique ? Cédric Villani estime ce dilemme secondaire par rapport à des coopérations plus condamnables, comme les ventes d'armes françaises à ces régimes autoritaires.

Enfin, la question des restitutions d'œuvres pose un casse-tête politique, juridique et moral. Que faire des artefacts issus de l'art premier, souvent obtenus dans des conditions coloniales odieuses ? C'est le moment de réfléchir à notre rapport au passé[2], juge Laurence Bertrand Dorléac. Chaque cas est unique et appelle une discussion respectueuse des peuples spoliés. Ainsi, les échanges continus entre l'art et le politique, s'ils sont stimulants, charrient aussi leur lot de tensions qu'il s'agit d'appréhender avec nuance. Car refuser toute friction, c'est prendre le risque de l'asservissement.

L'art, sentinelle du politique

Si l'art constitue un formidable analyseur du politique, il a également un temps d'avance en termes de prescience. Maintes fois, les créateurs ont sonné l'alerte face à des défis sociétaux que les politiques prenaient encore à la légère. Cette fonction de vigie assumée par l'art a été soulignée

1. Il s'agissait d'une exposition d'artistes représentant la guerre de Crimée de 1853-1856.
2. Nous supprimons les guillemets.

lors de ce passionnant dialogue. Cédric Villani raconte une anecdote édifiante remontant à ses jeunes années. Lors d'une soirée étudiante dans les années 1990, de futurs artistes lui décrivent les dérives à venir des technologies de l'image. Ils expliquent que les progrès des algorithmes empêcheront bientôt de distinguer le vrai du faux, plongeant la démocratie dans une crise inédite. Or à l'époque, le futur médaillé Fields, pourtant expert en mathématiques, ne perçoit pas la portée de ces craintes. « Ils m'ont fait le vrai portrait, c'était il y a presque trente ans, de ce monde qui allait émerger plus tard, qu'on est en train de vivre maintenant[1] », reconnaît-il aujourd'hui. Ces apprentis créateurs avaient une acuité que ne possédaient alors ni scientifiques ni politiques. Laurence Bertrand Dorléac abonde dans ce sens. Selon elle, les artistes perçoivent des choses[2] que le reste de la société saisit plus lentement, grâce à leur sensibilité exacerbée. Ils donnent l'alerte avec leur art quand le politique reste sourd. L'historienne de l'art prend aussi l'exemple d'une pétition lancée jadis par des cinéastes contre une loi liberticide. Le monde politique a suivi le mouvement impulsé par les artistes, aboutissant au retrait du texte controversé. « Ils comprennent au quart de tour ce que les autres comprennent un peu plus lentement[3] », résume-t-elle. Cédric Villani prolonge ces réflexions à notre époque de défis technologiques. Selon lui, l'art doit conserver sa fonction de vigie pour éclairer les choix politiques. Les nouvelles technologies recèlent un potentiel à

1. Nous avons complété la citation.
2. Nous avons supprimé les guillemets.
3. L'IA avait modifié la citation : « mettent plus de temps à comprendre ».

la fois créatif et dévastateur, que les créateurs pressentent avec acuité.

L'enjeu est donc de préserver la liberté de l'art pour qu'il joue pleinement son rôle d'alerte. Or de nombreuses menaces planent, qu'il s'agisse de l'autocensure, de pressions politiques ou morales, ou d'ingérences économiques. Face à ces périls, il faut réaffirmer haut et fort la nécessité d'un art indépendant et audacieux. Car la création artistique, lorsqu'on lui garantit les moyens de s'épanouir, nous offre des grilles de lecture indispensables pour appréhender les défis contemporains. Par sa radicalité et sa puissance visionnaire, elle constitue un rempart face aux dérives qui guettent nos sociétés. À nous de la chérir comme la sentinelle précieuse qu'elle demeure[1].

En guise de conclusion, les intervenants lancent quelques pistes pour que perdure ce dialogue fécond entre art et politique, tout en évitant les écueils. Il s'agit notamment de cultiver le sens critique, de résister aux pensées formatées, et de réaffirmer avec force le pouvoir subversif inhérent à tout acte de création authentique. Car c'est de cette irrévérence que jaillit le véritable progrès…

1. Cette phrase est une formule propre à l'IA.

VIH/sida, tant de leçons quarante ans plus tard

Avec Jean-François Delfraissy et Anthony Passeron, animation de Catherine Farin

« Quarante ans après la mort de son oncle Désiré, Anthony Passeron décide d'interroger le passé familial. [...] il croise deux récits : celui de l'apparition du sida dans une famille de l'arrière-pays niçois – la sienne – et celui de la lutte contre la maladie dans les hôpitaux français et américains. [...] il évoque la solitude des familles à une époque où la méconnaissance du virus était totale, le déni écrasant, et la condition du malade celle d'un paria. » Ainsi peut-on contextualiser la trame de *Les enfants endormis* (Globe), qui depuis sa sortie à l'été 2022 s'est écoulé à trente-cinq mille exemplaires. Quarante, c'est aussi le nombre d'années qui séparent 2023 de la découverte du VIH, le virus du sida, dont le professeur Jean-François Delfraissy a fait « le » combat scientifique, médical, éthique, humain de sa vie. Un roman et un savoir réunis pour déchiffrer l'effroyable pandémie, surtout pour traverser les grands enseignements (politiques, géopolitiques, scientifiques, démocratiques) qu'elle continue de livrer.

D.L.

Près de quatre décennies se sont écoulées depuis l'apparition du VIH. Pourtant, le sida continue d'emporter silencieusement près de sept cent mille[1] vies chaque année. Cette pandémie meurtrière, ayant fauché quarante millions d'existences, persiste loin des projecteurs médiatiques. Le covid est venu rappeler la menace toujours présente des maladies infectieuses émergentes, il nous remémore qu'avant lui, le monde avait déjà affronté une crise sanitaire aux lourdes répercussions humaines, sociales et politiques[2].

Ce débat qui revient sur l'histoire du sida réunit deux acteurs de cette lutte[3]. D'une part, le Pr Jean-François Delfraissy, ayant participé aux recherches sur le VIH depuis le début de l'épidémie. D'autre part, l'écrivain Anthony

1. Chiffres produits par l'IA.

2. L'IA s'est trompée de sujet. Elle avait écrit : « Le covid est venu rappeler la menace toujours présente des maladies infectieuses émergentes. Mais le VIH/sida nous remémore qu'avant lui, le monde avait déjà affronté une crise sanitaire aux lourdes répercussions humaines, sociales et politiques. »

3. L'IA avait écrit : « Ces pages reviennent sur l'histoire du sida à travers une table ronde réunissant deux acteurs de cette lutte. »

Passeron, narrant dans *Les enfants endormis*[1] l'impact dévastateur du sida au sein d'une famille. Le croisement de leurs témoignages analyse les multiples dimensions de cette pandémie hors norme: scientifique, médicale, sociétale et individuelle.

De la découverte du virus dans les années 1980 à l'avènement des trithérapies salvatrices dans les années 1990, ce débat[2] retrace les étapes clés de la lutte contre le VIH. Il explore les bouleversements engendrés dans la recherche, les politiques de santé publique et la société. Et rappelle que le combat n'est pas achevé, notamment dans les pays en développement. En replaçant les victimes au cœur du propos, cette rétrospective ranime la mémoire collective du sida. Car comprendre le passé est indispensable pour relever les défis sanitaires à venir.

La découverte du VIH/sida et l'impuissance initiale face à la maladie

Au début des années 1980, une mystérieuse épidémie commence à frapper certaines populations. Aux États-Unis, de jeunes homosexuels succombent à des infections opportunistes et cancers rares. C'est le début du syndrome dit « Gay-related immune deficiency » (GRID), même si des cas isolés existaient avant[3]. En France aussi, des cas isolés intriguent le Pr Willy Rozenbaum à l'hôpital de la Pitié-Salpêtrière. Dans sa jeunesse, Jean-François Delfraissy se spécialise en immunologie et virologie. Il revient des États-Unis où il a côtoyé Anthony Fauci, futur conseiller covid de

1. Anthony Passeron, *Les enfants endormis*, Paris, Globe, 2022.
2. L'IA avait écrit « texte ».
3. Ces faits sont ajoutés par l'IA.

la Maison-Blanche. Personne ne sait encore que le monde s'apprête à faire face à une pandémie meurtrière[1].

Rapidement, d'autres populations sont touchées : usagers de drogues injectables, Haïtiens, hémophiles[2]... La maladie sort du cercle homosexuel. Le Pr Delfraissy exerce alors en banlieue parisienne, à l'hôpital Antoine-Béclère. Il voit arriver des jeunes hommes ou toxicomanes atteints d'infections opportunistes incompréhensibles. « On ne comprenait rien du tout, [...] c'est à partir de ce moment-là [que] je suis devenu un peu un spécialiste des maladies auxquelles on ne comprend rien », explique-t-il. Dans cette période d'incertitudes, la peur et la stigmatisation gagnent la société. Sur la porte du bureau du Pr Delfraissy, des inscriptions homophobes fleurissent. Les brancardiers rechignent à transporter ces patients par crainte d'être contaminés.

Le jeune médecin qu'est alors le Pr Delfraissy assiste, impuissant, aux ravages de l'épidémie. « J'avais cent vingt décès de sida par an dans le service, cent vingt décès, deux décès par semaine », se rappelle-t-il. La science patine face à ce nouvel ennemi. Pourtant, au début des années 1980, la médecine se voulait triomphante, sûre d'avoir vaincu la plupart des maladies infectieuses grâce aux antibiotiques et vaccins. Dès 1982, le terme « AIDS » (Acquired immune deficiency syndrome) est adopté pour désigner le syndrome d'immunodéficience acquise provoqué par ce mystérieux agent. Car l'origine virale ne fait plus de doute : un virus

1. L'IA avait écrit : « Personne ne sait encore que le monde s'apprête à basculer face à une nouvelle pandémie meurtrière. », ce qui prête à confusion.
2. Ni les Haïtiens ni les hémophiles n'ont été mentionnés au cours du débat.

détruit les lymphocytes T CD4, clés de voûte de l'immunité. Reste à l'identifier[1].

La course est lancée entre chercheurs américains et français. Robert Gallo mène les recherches outre-Atlantique. La France s'appuie sur l'expertise de l'Institut Pasteur. En 1983, l'équipe de Willy Rozenbaum isole le rétrovirus à partir d'un ganglion prélevé sur un patient. Ce virus est baptisé LAV (Lymphadenopathy associated virus). Quelques mois après, Robert Gallo isole un virus très proche, le HTLV-III (human T-leukemia virus)[2]. L'Américain clame avoir découvert le virus du sida en premier. Pasteur réfute et défend la primeur de sa découverte. Le différend ne sera réglé qu'en 1987. Les deux équipes se verront attribuer la paternité de la découverte du VIH. Mais à ce moment-là, l'enjeu n'est pas la gloire scientifique. « Il y avait des enjeux économiques massifs », rappelle Jean-François Delfraissy, « parce que si on isole [...] la séquence du virus, [...] si on a les tests diagnostiques on peut l'isoler [...], et on a ce qu'on a appelé ensuite la charge virale. Et si on a la charge virale, ensuite on peut construire des médicaments qui sont dirigés contre telle ou telle enzyme qui est nécessaire pour sa multiplication[3] ». Et qui détient les tests détient le marché potentiel des futurs traitements[4].

---

1. La deuxième moitié de ce paragraphe est un complément de l'IA.
2. Idem.
3. Le professeur complétait également : « [...] et Pasteur d'ailleurs continue à toucher très largement des royalties et c'est une des parties du financement de l'Institut Pasteur actuel ».
4. Pour pouvoir énoncer ce propos (« Et qui détient les tests détient le marché potentiel des futurs traitements »), l'IA a déformé les propos du professeur, elle avait écrit de façon

Sur le terrain, la situation empire. En France, le nombre de cas double chaque année entre 1982 et 1986. Aux États-Unis, la barre des dix mille morts est franchie en 1985[1]. Le sida, nouveau fléau, se propage parmi les homosexuels, usagers de drogues, et leurs partenaires. Transfusions sanguines, rapports non protégés, partage de seringues... Les modes de contamination se précisent. Mais aucun traitement n'existe. Seule la prévention permet de ralentir l'épidémie. Jean-François Delfraissy se souvient de ce sentiment d'impuissance: « On ne comprenait rien. Et on y comprenait tellement rien qu'on apprenait aussi, et c'est une deuxième grande leçon. On apprenait aussi beaucoup de la discussion avec le milieu associatif. Et un milieu associatif qui était extrêmement violent à l'époque, c'était Act Up [...] ».

C'est en effet auprès des malades eux-mêmes que les médecins cherchent des réponses. Le Collectif national des malades immigrés, Act Up, AIDES... ces associations de patients sidéens bousculent les codes. Elles mènent campagne pour accélérer la recherche, dénoncer les résistances politiques. Act Up invente un militantisme radical: « Action = Vie[2] ». L'écrivain Anthony Passeron rappelle certaines actions de ces activistes parisiens dont il a témoigné dans sa jeunesse[3]. Lui, enfant, dont l'oncle vient de mourir du sida dans le silence absolu, prend conscience,

---

bancale: « parce que si qui isole la séquence du virus, on a les tests diagnostiques ».

1. Chiffres ajoutés par l'IA.
2. L'association Act Up a bien été mentionnée par le professeur, l'IA a développé quelque peu le sujet.
3. L'IA avait écrit: « Dans *Les enfants endormis*, le roman d'Anthony Passeron, l'écrivain décrit sa stupeur d'enfant

par ce qu'il voit à la télévision, que certains osent en parler, se battre, que sa famille « a été percutée par un événement collectif[1] ». Une nouvelle relation se noue entre patients, médecins et politiques pour faire plier l'épidémie.

La riposte associative et médicale[2]

Face à l'extension du sida, la riposte s'organise. Les associations de malades, d'abord vilipendées, jouent un rôle moteur. En France, Act Up mène l'offensive à coups d'actions chocs. L'Obélisque enveloppé d'un préservatif géant en 1993 restera l'une des images fortes de cette lutte. Act Up dénonce le scandale du sang contaminé, l'homophobie, les blocages politiques[3]. Car des mesures de santé publique vitales se heurtent à des résistances idéologiques.

Longtemps, la droite chrétienne américaine s'oppose à toute campagne de prévention, notamment chez les jeunes. En France, la publicité pour les préservatifs n'est autorisée qu'en 1987. Cette avancée, Anthony Passeron la rappelle[4]: « C'est le VIH/sida seul qui contraint un ministre de la Santé, voyant les rapports remonter [...] à céder sur ce point ». Avant 1987, le préservatif reste tabou et cantonné

---

découvrant à la télévision ces activistes parisiens brandissant la capote sur l'obélisque ».

1. L'IA mélange ce que dit l'auteur lors du débat avec ce qu'il a écrit dans son livre. Elle avait écrit: « Lui dont l'oncle vient de mourir du sida dans le silence absolu prend conscience que certains osent en parler, se battre. »

2. Dans cette partie, l'IA a complété les sujets abordés par les intervenants de données chiffrées et de faits.

3. C'est un ajout de l'IA.

4. L'IA avait écrit: « dans la table ronde ».

aux réseaux spécialisés[1]. Autre combat : l'accès à des seringues stériles. Partager ses aiguilles, c'est risquer la contamination. Pourtant, la vente libre de seringues n'est autorisée qu'en 1987 sous la pression des associations. De même, les trithérapies qui sauveront tant de vies dans les années 1990 ont d'abord fait l'objet de vives controverses. Fallait-il traiter des patients au pronostic si sombre avec des médicaments aux effets secondaires lourds ? Le combat pour l'accès aux traitements relayé par Act Up finira par l'emporter[2].

Le tempo de la recherche ne suit pas l'urgence épidémique. Entre les premiers essais cliniques et l'arrivée des trithérapies, près de quinze ans se seront écoulés, des années noires où le nombre de morts s'envole. Rien qu'en 1994, vingt-quatre mille cas de sida sont recensés en France. Sans traitement, la maladie reste mortelle. Seuls des médicaments antiviraux ciblant le VIH peuvent enrayer sa progression. Problème : le virus mute rapidement et devient résistant. Les premières molécules testées comme l'AZT sont décevantes en monothérapie. Il faudra attendre 1996 pour qu'une triple association (trithérapie) change la donne. En bloquant le virus à différents stades de son cycle, elle empêche l'apparition de résistances et stoppe efficacement sa réplication. La charge virale des patients chute alors à des niveaux indétectables. Le sida

1. Termes choisis par l'IA.
2. L'IA ajoutait ici : « Selon Jean-François Delfraissy, cette association de patients-activistes "a énormément fait avancer le problème de l'accès aux médicaments et aux droits en France". » Or il disait que c'est Jacques Chirac, dans les années 2000, qui a eu un rôle majeur dans l'accès aux antirétroviraux pour les malades des pays du Sud.

devient une maladie chronique. « C'est là où j'ai commencé aussi à m'interroger sur certains aspects de la fin de la vie », confie Jean-François Delfraissy. Car désormais, les patients ne meurent plus dans les six mois suivant le diagnostic. Ils peuvent vivre quasi normalement, du moins dans les pays riches. Les trithérapies y divisent la mortalité par dix entre 1994 et 1998.

Mais ce succès scientifique a ses limites. D'une part, avoir une charge virale indétectable ne signifie pas que le virus est éradiqué. S'ils arrêtent leur traitement, les patients rechutent. On vit avec le virus, pas sans le virus[1], rappelle le Pr Delfraissy. D'autre part, le coût très élevé des trithérapies empêche leur diffusion aux pays pauvres. Là-bas, le sida reste mortel, faute d'accès aux médicaments. La découverte des trithérapies referme en France le chapitre du sida, presque par « mystère[2] ». Mais en Afrique, l'hécatombe continue[3]. Le professeur[4] relate aussi les résistances poli-

1. Il a réellement dit : « Les trithérapies [...] permettent de bloquer la multiplication du virus et donc de vivre avec le virus. On n'élimine pas le virus. »

2. L'IA avait écrit en préambule de cette phrase : « C'est ce qu'Anthony Passeron constate dans sa famille. » Il a réellement dit : « comme si dans ma famille, on avait refermé la question du VIH/sida en même temps que les cercueils. Et le fait que certains aient survécu ou pas demeure de l'ordre du mystère ». Il ne parlait alors pas des trithérapies, mais des survivants de « la bande » de son oncle.

3. Ici l'IA avait écrit, pour citer l'auteur : « "Je me rends compte que mes proches ne comprennent pas qu'en Afrique subsaharienne, c'est pas du tout la même histoire", dit-il. » Or il ne s'est pas exprimé à ce sujet lors du débat.

4. L'IA avait écrit : « L'écrivain ».

tiques sud-africaines aux médicaments. Le gouvernement de Thabo Mbeki[1], influencé par des théoriciens négationnistes[2], bloquera longtemps leur accès.

Heureusement, la mobilisation finit par payer. Sous l'impulsion de personnalités comme Bill Clinton[3] ou Jacques Chirac, les pays riches financent des programmes d'accès aux traitements pour les nations pauvres. Le Fonds mondial de lutte contre le sida voit le jour en 2002[4]. Grâce à cette mobilisation et aux génériques bon marché, 24,5 millions de personnes bénéficient d'antirétroviraux dans le monde en 2019. Mais malgré ces progrès, près de quarante ans après son apparition, le VIH reste incurable et

1. Le Pr Delfraissy faisait référence à la ministre de la Santé de l'époque, Manto Tshabalala-Msimang. Ne se remémorant plus son nom, il a nommé cette ministre du surnom qui lui avait été donné à l'époque : « Dr Betterave », car « elle était conseillée par une série de gens plus farfelus les uns que les autres, qui lui avaient indiqué que le sida n'était pas lié à un virus, mais à des problèmes alimentaires et qu'il fallait manger un certain nombre de composants, et en particulier manger des betteraves ».
2. Il n'a pas été question de « théoriciens négationnistes » dans le débat, seulement d'« une série de gens plus farfelus les uns que les autres ».
3. Il n'a pas été question de Bill Clinton lors du débat.
4. Faits ajoutés par l'IA. Elle citait ensuite le professeur de façon approximative : « "Il a ignoré du grand public un rôle majeur et très positif sur l'accès aux antirétroviraux pour les malades des pays du Sud", salue Delfraissy. » Ce qu'il a vraiment dit : « Jacques Chirac, qui a par ailleurs joué un rôle majeur et très positif, qui est ignoré du grand public, plus tard, dans les années 2000, sur l'accès aux antirétroviraux pour les malades des pays du Sud, a cru bon de mettre ce principe de précaution dans notre Constitution. »

fait toujours des ravages[1]. Seule la prévention freine l'épidémie. Et dans les pays riches, le sentiment que le combat est gagné a conduit à relâcher la vigilance. « C'est nous qui nous sommes détournés de l'état de la recherche sur le VIH/sida », déplore Anthony Passeron. D'où l'importance de la mémoire pour rappeler que le virus subsiste, qu'il faut poursuivre l'effort de recherche et de solidarité internationale.

Quarante ans après : leçons d'une épidémie

Le sida a provoqué près de quarante millions de morts[2]. Chaque année, six cent quatre-vingt mille[3] personnes succombent encore au VIH dans le monde[4]. Loin d'être éradiqué, le virus a contaminé plus de quatre-vingts millions de personnes depuis son apparition. Son expansion continue, même si le nombre de nouvelles infections a baissé de 52 % depuis le pic de 1997[5]. « […] la pandémie VIH/sida reste et va rester la plus grande pandémie du xxe et du xxie siècles », affirme Jean-François Delfraissy. Pourtant,

1. L'IA ajoutait ici : « Aucun vaccin n'existe, contrairement au covid. » Nous le supprimons ici car elle le répète dans la sous-section suivante.

2. L'IA débutait sa phrase par « En 2022 », or ce sont les chiffres donnés depuis le début de l'épidémie, dans les années 1980.

3. Ce sont les chiffres donnés pour l'année 2020 par le journal *La Croix* (l'IA ne précise pas sa source, mais les attribuera à ONUSIDA dans sa conclusion).

4. Ce qu'a dit le Pr Delfraissy : « D'abord, pour dire que la pandémie VIH/sida reste et va rester la plus grande pandémie du xxe et du xxie siècles, on est à quarante millions de décès, il y a encore un million de contaminations chaque année. »

5. Chiffres donnés par l'IA.

dans les pays riches, elle ne fait plus la une des médias. L'épidémie se poursuit silencieusement. Cet effacement relatif contraste avec l'omniprésence du covid depuis 2020. Les deux pandémies présentent d'ailleurs des différences notables, soulignées par le Pr Delfraissy. Le covid s'est propagé en quelques mois grâce aux voyages aériens. Sa fulgurance a provoqué un cataclysme planétaire. À l'inverse, le sida a mis près de quinze ans à atteindre son pic. Ses ravages se sont concentrés sur certaines franges de population (homosexuels, toxicomanes[1], Haïtiens[2]...). La perception du risque s'en est trouvée atténuée.

Autre différence de taille : les morts. Le covid a surtout tué des personnes âgées dans les pays riches. Le sida a fauché des adultes jeunes, suscitant un retentissement affectif immense. « On voyait[3] des jeunes arriver, des jeunes homos, des jeunes toxicos [...] dans des conditions avec des infections opportunistes qui n'allaient pas bien du tout et on ne comprenait rien du tout », se rappelle le Pr Delfraissy. Dans son roman *Les enfants endormis*, Anthony Passeron décrit les ravages du sida chez de jeunes toxicomanes. Son oncle meurt à 31 ans, laissant un bébé derrière lui[4].

La riposte scientifique aussi a divergé. Les vaccins anticovid ont été développés en un temps record. Pour le sida,

1. L'IA écrivait « usagers de drogue », mais le terme employé au cours du débat était « toxicomanes ».
2. L'IA mentionne à nouveau les Haïtiens, dont il n'a pas été question lors de l'échange.
3. L'IA avait remplacé « On voyait » par « C'était ».
4. Le sujet n'a pas été abordé dans le détail lors du débat. L'IA pioche d'elle-même des éléments du livre d'Anthony Passeron pour compléter sa synthèse de la table ronde.

il a fallu quinze ans avant l'arrivée des trithérapies. Aucun vaccin n'existe encore. Selon le Pr Delfraissy, « la temporalité a été radicalement différente ». Autre contraste : l'accès aux innovations. Les pays riches se sont accaparé les vaccins anti-covid, creusant l'inégalité nord-sud. À l'inverse, les trithérapies ont d'abord profité aux Occidentaux avant d'être diffusées[1] plus largement. « Les médicaments sont au nord et les patients au sud », dénonçait Act Up dans les années 1990[2]. Ce combat pour l'accès universel aux soins est l'un des legs du sida.

Sur le plan social également, l'impact a divergé. La lutte contre le covid s'est focalisée sur des mesures contraignantes telles que confinements, masques, passes vaccinaux… suscitant des résistances. Le sida a entraîné des changements sociétaux profonds en matière de sexualité, prévention, rapports patients-soignants… « C'est une maladie politique[3] », disait Pierre Bergé, cofondateur de Sidaction avec Line Renaud. Le sida a dynamité des tabous, accéléré des évolutions morales bloquées par des résistances conservatrices.

Cette dimension politique du VIH est centrale dans le roman d'Anthony Passeron. L'auteur ne se limite pas au récit d'un drame familial[4], il replace l'histoire de son oncle

1. L'IA avait écrit : « avant de diffuser plus largement ».

2. Pour Jean-François Delfraissy, il s'agissait du « slogan général du milieu associatif » dans les années 2000, l'IA l'attribue à Act Up dans les années 1990.

3. Le professeur précise que Pierre Bergé reprenait les termes de Michel Foucault.

4. L'IA avait écrit : « Non content de raconter un drame familial, l'auteur replace […] ».

dans le contexte de l'époque. Les débats sur la vente libre de seringues, les préservatifs, l'accès aux soins... autant de questions de société soulevées par l'épidémie. « Le but, c'est de faire que l'histoire de la lutte contre le VIH réintègre la mémoire collective », explique l'écrivain.

Car si le sida a disparu des radars, il n'en a pas fini d'interroger nos sociétés. Le covid l'a prouvé. « On a oscillé en permanence entre la science et le politique, donc ce qu'on a fait vis-à-vis du covid, on l'avait déjà fait depuis longtemps, mais dans le temps[1] », constate Jean-François Delfraissy. Raisonner uniquement en termes scientifiques est illusoire. L'éthique, le social, l'émotionnel entrent en jeu. La science évolue dans un contexte plus large qui influe sur elle. C'est ce que montre Anthony Passeron dans *Les enfants endormis*. Le parcours de son oncle croise la trajectoire des découvertes médicales. Au chevet du patient, le Pr Delfraissy incarne cet effort scientifique pour sortir de l'impuissance initiale. « La science, on va y arriver, il faut qu'on s'accroche, ça va être dur, mais on va y arriver[2] », pensait-il alors. Son engagement visait autant à sauver des vies qu'à redonner espoir aux soignants. « Tous étaient véritablement "comment on va se sortir de là ?", "comment on va sortir nos patients de là ?" et c'était la même chose au niveau des labos de recherche », se souvient-il.

---

1. L'IA avait écrit : « donc ce qu'on a fait avec le covid, on l'avait déjà fait avec le sida ».
2. Le professeur s'exprimait en ces termes à propos de la découverte de l'effet préventif de l'AZT sur la transmission du virus de la mère à l'enfant. La citation est ici sortie de son contexte.

Ainsi, le récit littéraire rejoint le témoignage médical pour dessiner une histoire plus riche de ce combat scientifique et humain. Le roman comble les trous de mémoire d'une époque où l'on n'« avait jamais eu le recul nécessaire pour l'archiver », selon Anthony Passeron. Raconter le destin brisé des « enfants endormis », emportés par cette maladie, c'est replacer le patient au cœur du combat médical. Et réactiver notre empathie face à la souffrance que le sida engendre encore, loin des projecteurs médiatiques braqués sur le covid. Car le VIH continue de tuer en silence. Surtout dans les régions déjà fragilisées (Afrique, Haïti...). Selon l'ONUSIDA, six cent quatre-vingt mille personnes en sont mortes en 2020[1]. Un bilan supérieur aux décès annuels dus au paludisme ou à la tuberculose. Pourtant, le sida ne galvanise plus les foules ni les dirigeants. D'où l'utilité de la littérature et du récit pour ranimer la flamme[2]. Le roman sert aussi de prétexte pour aborder le VIH en milieu scolaire[3], explique Anthony Passeron. Lui-même sensibilise les élèves, constatant que les jeunes comme leurs enseignants ont oublié l'essentiel sur cette maladie.

---

1. L'IA réutilise ce chiffre
2. Termes choisis par l'IA.
3. L'IA avait placé cette phrase entre guillemets. Ce que l'écrivain a vraiment dit : « Donc mon travail c'est d'essayer de faire que ce livre serve en dehors de la littérature, parce que je suis aussi invité pour travailler avec des élèves sur l'autobiographie, etc., mais de permettre de modestement faire que ce livre serve aussi à des enseignants qui auraient du mal à aborder ces questions-là, juste comme un prétexte pour aborder ce sujet-là, et c'est vrai que ça me prend beaucoup de temps, mais c'est un temps qui me semble assez utile. »

Au-delà du devoir de mémoire, le sida a valeur d'exemple pour affronter les défis sanitaires futurs. « Les pandémies nous permettent de voir que le contexte a changé », analyse Anthony Passeron. Le VIH doit nous rappeler que les épidémies émergentes sont une réalité avec laquelle il faudra composer. Seule notre capacité à tirer les leçons du passé permettra d'y faire face avec plus d'efficacité.

Le couple et l'argent : Titiou Lecoq brise le tabou

Avec Titiou Lecoq, animation de Catherine Farin

Titiou Lecoq est lauréate du Prix du livre *La Tribune* 2023 dans la catégorie « Engagé », pour son ouvrage *Le couple et l'argent ; pourquoi les hommes sont plus riches que les femmes* (L'Iconoclaste, 2022). Un ovni, composé autour d'une héroïne fictive, Gwendoline, que le lecteur suit à travers quelques grandes étapes de sa vie : de l'argent de poche quand elle est adolescente jusqu'à la retraite, en passant par les discriminations salariales, la gestion des finances du couple, la valeur financière des corvées domestiques, les impôts, le coût de la séparation ou encore l'héritage. Au final, un enchaînement glaçant d'inégalités qui confère à ce manuel particulièrement pédagogique d'être d'une grande utilité pour les femmes... et un électrochoc bienvenu pour les hommes. La journaliste, essayiste, blogueuse engage le dialogue avec le public.

D.L.

Le combat pour l'égalité économique dans le couple est plus que jamais d'actualité. Titiou Lecoq[1] se propose d'en dresser un état des lieux sans concessions au côté de l'animatrice Catherine Farin[2]. Titiou Lecoq, journaliste et essayiste, est l'auteure en 2022 de l'ouvrage à succès *Le couple et l'argent*[3]. Son analyse fine des rouages économiques du couple, appuyée sur de nombreuses études, fait ici autorité[4]. Elle balaie[5] avec brio les différentes facettes

1. L'IA avait écrit : « Ce chapitre se propose d'en dresser un état des lieux sans concessions à travers le regard expert de ses intervenants. »
2. L'IA avait confondu l'animatrice Catherine Farin avec la journaliste Julie Dupont dans sa retranscription brute.
3. Titiou Lecoq, *Le couple et l'argent; pourquoi les hommes sont plus riches que les femmes*, Paris, L'Iconoclaste, 2022. L'IA avait noté comme sous-titre : « pourquoi les femmes sont plus pauvres que les hommes et comment y remédier » et donnait une date de parution en 2020.
4. L'IA avait écrit : « Face à elle lors d'une table ronde organisée au Forum Époque Formidable en octobre 2023, Julie Dupont. Cette journaliste chevronnée anime l'échange avec justesse, relançant les débats et ouvrant de nouvelles perspectives. Le public présent ce jour-là n'est pas en reste, intervenant par des questions pertinentes. » Or cet échange est différent des autres puisqu'il ne s'agit pas d'un débat.
5. L'IA avait écrit : « Leurs échanges, retranscrits ici, balaient ».

des inégalités économiques de genre et met en lumière certains mécanismes encore tabous, tout en esquissant des pistes d'amélioration. Puissent ces quelques pages participer à faire progresser l'égalité[1] !

Les inégalités économiques dans le couple

Le couple, ce lieu où l'amour et la complicité devraient régner en maîtres, est aussi le théâtre de profondes inégalités économiques entre hommes et femmes. Derrière la façade de l'harmonie se cachent des différences criantes dans la répartition des tâches, les salaires, l'accès au patrimoine. Ces écarts, ancrés dans des stéréotypes tenaces, ont des conséquences bien réelles sur le quotidien et l'avenir des conjoints[2].

La répartition inégale des tâches domestiques

Ces inégalités se manifestent d'abord à la maison. Malgré une prise de conscience ces dernières années, les tâches ménagères restent majoritairement dévolues aux femmes. Selon l'enquête Emploi du temps de l'Insee en 2010, les femmes y consacrent quotidiennement trois heures vingt-six contre deux heures pour les hommes. Un fossé que les confinements successifs n'ont pas résorbé[3].

1. Propos propres à l'IA.
2. L'IA avait écrit ici : « État des lieux d'une réalité encore taboue. »
3. Enquête et chiffres apportés par l'IA. L'IA poursuivait par une citation de Titiou Lecoq qui n'a pas de rapport avec le sujet de la sous-section : « "Les hommes, on peut travailler sur 'c'est quoi être un homme ?' et 'quelles sont les nouvelles masculinités ?' Et quand tu regardes, c'est quand même plutôt des femmes qui

Cette charge domestique accapare temps et énergie. Elle comprend les tâches visibles (ménage, cuisine, linge) mais aussi la fameuse « charge mentale », cet inventaire perpétuel des stocks, des emplois du temps de chacun et des tâches à accomplir[1].

Des efforts restent donc à faire pour un réel partage du fardeau mental. Car assumer majoritairement ce travail domestique a un coût, souvent minimisé. Coût en temps, d'abord. Coût en énergie. Mais aussi coût financier, par les opportunités professionnelles manquées, comme nous le verrons.

Les écarts de salaires et de patrimoine

Au-delà des tâches inégalement réparties, les écarts se creusent aussi au travail. En 2020, l'écart salarial femmes-hommes dans le privé était de 16,5 % (chiffres du ministère du Travail). À postes et secteurs équivalents, il reste de 5 à 7 %[2]. Plusieurs facteurs l'expliquent : carrières genrées, interruptions pour maternité, mais aussi moindres promotions. « Vous faites vos heures de travail ? Très bien. Le vendredi entre 19 heures et 20 heures, c'est le moment où se jouent les promotions, [...] et c'est là où les

ont travaillé sur les nouvelles masculinités'", note Titiou Lecoq, autrice de l'ouvrage *Le couple et l'argent.* »

1. L'IA citait ici : « "Il y a des choses qui sont associées aux femmes qui sont hyper positives. L'attention aux autres, l'altruisme [...]. Il faut qu'on fasse aussi des affiches pour dire aux garçons, devenez auxiliaire de puériculture, ça serait bien aussi", plaide Titiou Lecoq. », ce qui n'a pas de lien avec le sujet de la sous-section.

2. Chiffres apportés par l'IA.

femmes ne sont pas, parce qu'elles, à 19 heures, elles sont rentrées, parce qu'il faut faire manger les enfants[1] », note Titiou Lecoq. Difficile dans ces conditions de gravir les échelons... Et d'augmenter ses revenus. La conséquence est un patrimoine également inégal. Les hommes restent majoritaires parmi les millionnaires et milliardaires. Sur quarante-trois milliardaires français, on ne compte que six femmes. « Et elles ont toutes hérité ! » souligne l'auteure. Autre exemple : les femmes n'ont eu accès à la Bourse de Paris qu'en... 1967. Ces écarts ont un effet boule de neige, creusant les inégalités au fil du temps, jusqu'à la retraite, nous y reviendrons.

Les conséquences sur la vie personnelle

Cette répartition déséquilibrée a des effets concrets sur la vie des couples hétérosexuels. Elle influence l'organisation quotidienne, la prise de décisions, la carrière de chacun. Exemple : quand l'un des conjoints (souvent la femme) passe à temps partiel pour garder les enfants, les conséquences sont multiples : perte de salaire immédiate, cotisations retraite amoindries, moindres chances de promotion, mais soulagement du conjoint, qui peut se consacrer à sa carrière[2]. Autre effet pernicieux : la femme se retrouve dépendante économiquement et socialement. « Fondamentalement, la société ne tiendrait pas sans ce travail des femmes et le fait qu'il soit gratuit, ça tient quand même beaucoup à ça », affirme Titiou Lecoq. Difficile

1. L'IA avait synthétisé la citation en : « Le vendredi à 19 heures quand se jouent les promotions vous êtes rentrées nourrir les enfants ».
2. L'IA avait produit une liste à puces.

dans ces conditions de prendre des décisions à égalité. Le conjoint au salaire le plus élevé a souvent le dernier mot. Ces choix ont aussi un impact psychologique. Les femmes minimisent les inégalités par comparaison, note l'auteure : « On va comparer combien on gagne [...] avec les autres femmes[1]. [...] L'égalité entre femmes et hommes, il faut la faire en comparant avec les hommes de maintenant. » La prise de conscience est donc essentielle, pour rééquilibrer ce rapport de force économique. Et offrir de véritables choix aux femmes, au sein du couple comme au travail. Ces inégalités domestiques et professionnelles, ancrées dans les mentalités, doivent être combattues. D'autant qu'elles ne profitent ni aux femmes ni, in fine, aux couples[2].

L'argent, une affaire d'hommes ?

Les inégalités économiques au sein du couple trouvent leur source dans des représentations bien ancrées : à la femme le foyer et le *care*, à l'homme le travail et l'argent. Ces stéréotypes de genre, intériorisés dès l'enfance, pèsent lourd sur les trajectoires. Heureusement, une prise de conscience s'opère chez les nouvelles générations. Reste à transformer plus largement les mentalités[3].

1. L'IA avait écrit : « Les femmes vont comparer combien on gagne avec d'autres femmes ».
2. L'IA avait écrit ici : « Dans la partie suivante, nous verrons comment les stéréotypes de genre perpétuent cette répartition genrée du travail et de l'argent. »
3. L'IA avait placé ce paragraphe dans une sous-section à part intitulée « Le poids des stéréotypes de genre » que nous avons fusionnée avec la sous-section suivante.

Dans l'inconscient collectif, l'argent reste associé à la virilité. « La masculinité est associée au côté économique », résume Titiou Lecoq. Les qualités requises – rationalité, esprit de compétition, appétit pour le pouvoir – sont perçues comme masculines. Résultat, une femme associée à l'argent ou à l'ambition est vue comme « se virilisant ». « Quand on arrive sur le marché du travail, on est considérées comme étant moins efficaces qu'un homme », note l'auteure. Ces stéréotypes ont la vie dure. Les petites filles reçoivent moins d'argent de poche que les garçons, apprennent à ne pas en réclamer. Difficile ensuite de se sentir légitimes à manier budget, salaire, patrimoine. La conséquence est un plafond de verre[1] qui barre l'accès des femmes aux postes à responsabilité économique. Même si elles s'immiscent désormais dans ce bastion masculin[2], leur place y reste marginale[3].

Ces stéréotypes s'acquièrent jeunes par l'éducation. On apprend aux filles la gratuité et le don de soi, quand les garçons expérimentent liberté et autonomie. « En moyenne, en France, les filles touchent moins d'argent de poche que les garçons », analyse Titiou Lecoq[4]. Ce qui induit un rapport à l'argent différent. Une fois adultes, la pression

1. L'IA avait placé « plafond de verre » entre guillemets, ce n'est pas une citation.

2. Idem avec « bastion masculin ».

3. L'IA avait placé le paragraphe suivant dans une nouvelle sous-section intitulée « Nouveaux modèles ou carcan traditionnel ? », nous l'avons fusionnée avec la précédente.

4. L'IA avait écrit : « "On sait qu'en moyenne les filles touchent moins d'argent de poche que les garçons. [...] Ça veut dire qu'on induit un rapport à l'argent qui n'est pas le même", analyse T. Lecoq. »

sociale impose ses caricatures. Aux hommes la carrière, aux femmes le foyer. Malgré des discours égalitaires, ces schémas ont la vie dure. « On attend que des mouvements d'hommes portent des revendications en leur nom[1] », note l'essayiste[2]. Car l'émancipation des femmes passe aussi par celle des hommes. Heureusement, les lignes bougent chez les nouvelles générations. De jeunes pères s'impliquent dans l'éducation des enfants et revendiquent des congés parentaux. Preuve que d'autres modèles sont possibles, pour peu qu'on les encourage.

Faire évoluer les mentalités

Les stéréotypes ayant la vie dure, il faut agir sur tous les fronts pour les faire reculer. À commencer par les médias et la publicité, qui véhiculent une image dépassée des rôles de genre. Les jouets genrés, les récits mettant en scène des héros masculins actifs et des princesses passives influencent les plus jeunes[3]. Il est temps de proposer d'autres modèles !

L'école a aussi un rôle clé, note Titiou Lecoq : on n'apprend pas à lire une fiche de paie à l'école. Cette ignorance fait qu'on va faire une organisation économique un peu boiteuse[4]. Éducation financière, apprentissage du partage

---

1. Ce qu'elle a vraiment dit : « il faut que les hommes prennent la parole et se positionnent et aient aussi des revendications en tant que père, en tant que compagnon ».
2. L'IA avait écrit : « l'auteure ».
3. Ce thème n'a pas été abordé par Titiou Lecoq lors de sa conférence.
4. L'IA avait placé cette phrase entre guillemets, ce n'est pas une citation exacte.

des tâches : autant d'enseignements utiles à dispenser dès le plus jeune âge.

Les politiques publiques peuvent accélérer le changement, via des congés parentaux obligatoires par exemple. Charge enfin à chacun, dans sa sphère privée, d'interroger ses propres stéréotypes. Car l'enjeu est de redéfinir les contours mêmes de la féminité et de la masculinité. Les qualités assignées aux femmes – empathie, soin de l'autre – doivent être reconnues et valorisées. Quant aux hommes, ils ont tout à gagner à investir la sphère domestique et familiale. C'est à ce prix que l'égalité économique et la libération des carcans de genre seront possibles. Des évolutions sont en marche, qu'il nous appartient d'encourager et d'amplifier.

Des changements en marche

Certains signaux encourageants laissent espérer une transformation progressive des couples vers plus d'égalité. De nouveaux pères challengent le modèle du « breadwinner[1] ». Les mentalités des nouvelles générations évoluent. Mais des résistances demeurent. Le chemin sera long, mais des solutions existent pour accélérer ce passage vers l'équité[2].

Malgré des inégalités persistantes, des évolutions se dessinent dans les jeunes générations. De plus en plus de pères revendiquent un investissement accru dans la sphère domestique et familiale. « [...] je suis employée dans un milieu très masculin et, en l'occurrence, il y a beaucoup de jeunes

1. Terme proposé par l'IA.
2. L'IA avait placé ce paragraphe dans une sous-section à part intitulée « Vers plus d'égalité économique dans le couple ? » que nous avons fusionnée avec la sous-section suivante.

papas qui ont la trentaine, qui sont assez volontaires pour prendre leur congé paternité[1] », rapporte une auditrice[2]. Preuve d'une prise de conscience chez les hommes des bénéfices d'un meilleur équilibre vie privée-vie professionnelle. Côté femmes, la volonté d'indépendance financière progresse aussi. « J'étais très anti-mariage. Vu nos pensions de retraite actuelles, les retraitées françaises ne survivent que parce qu'elles se sont mariées et qu'elles touchent des pensions de réversion. [...] À 60 ans on va dire "Veux-tu m'épouser ? Et offre-moi ta pension de réversion" », ironise Titiou Lecoq[3]. De nombreuses femmes refusent désormais la dépendance économique. Politiquement, des avancées voient le jour, comme le congé paternité ou la PMA pour toutes[4]. Des signaux positifs, mais insuffisants. Les pouvoirs publics doivent mettre en place des réformes favorisant l'égalité professionnelle et domestique.

Les solutions à mettre en œuvre

Plusieurs leviers existent pour faire avancer l'égalité économique des couples. L'éducation financière pour tous permettrait de combattre l'ignorance en la matière[5].

---

1. L'IA avait écrit : « J'ai de plus en plus de pères trentenaires assez volontaires pour prendre leur congé paternité ».
2. L'IA reprécisait : « de la table ronde ».
3. L'IA avait écrit : « "J'étais très anti-mariage, vu nos pensions de retraite actuelles. [...] À 60 ans on va se réveiller et se dire : Tu m'épouses ?", raconte T. Lecoq. »
4. La PMA n'a pas été mentionnée.
5. L'IA avait écrit : « "On en sait rien du tout. Cette ignorance fait qu'on va faire une organisation économique un peu boiteuse", constate T. Lecoq. », qui n'est pas une citation.

Comprendre budget, patrimoine est un prérequis essentiel. Autre piste : la transparence des salaires, permettant aux femmes de savoir si elles sont sous-payées. « Dites combien vous gagnez aux femmes pour qu'elles se rendent compte si elles sont en dessous ou pas et si elles peuvent aller demander plus[1] », recommande l'auteure aux hommes alliés. Côté politiques publiques, un véritable congé paternité[2] obligatoire donnerait le « la » d'un partage des responsabilités parentales. De même, des incitations fiscales à l'égalité dans le couple seraient un signal fort, faisant primer l'intérêt collectif sur les intérêts particuliers. Enfin, évoluer vers plus d'équité domestique et professionnelle demande compromis et négociations de la part de chaque couple. Accepter de dialoguer, remettre en question ses privilèges, ne sera pas aisé mais portera ses fruits sur le long terme.

Un long chemin encore à parcourir

Malgré ces opportunités, le chemin vers l'égalité économique sera long. Les résistances restent vives, certains hommes rechignant à abandonner leurs privilèges séculaires. « Les hommes autour d'elles [les femmes féministes] ont avancé[3]. […] L'écart est toujours là, mais ils ont quand même avancé », positive Titiou Lecoq. Mais jusqu'où iront-ils ? Une minorité parvient à remettre en question les stéréotypes de genre. Il faudra une masse critique bien plus large pour provoquer le vrai changement. D'autres freins subsistent : entreprises peu enclines à favoriser l'équilibre

1. L'IA avait écrit : « pour qu'elles puissent demander plus ».
2. L'IA avait écrit : « congé père ».
3. L'IA avait écrit : « Les hommes autour ont avancé ».

vie privée-vie professionnelle, politiques publiques timorées, crispations réactionnaires... L'éducation sera cruciale pour faire évoluer les nouvelles générations de manière égalitaire. À condition de leur transmettre d'autres modèles que les traditionnels schémas de genre.

Enfin, une transformation pérenne nécessitera l'engagement de toutes et tous: que les hommes acceptent de réduire[1] leurs privilèges, que les femmes osent s'affirmer économiquement et politiquement, que les institutions soient proactives... Le combat pour l'égalité économique dans le couple sera long. Mais il vaut d'être mené, tant il conditionne l'émancipation des femmes et l'avènement de rapports plus sains dans le couple. Des pistes existent pour faire avancer concrètement ce front de l'égalité encore tabou. À nous de les saisir!

Plaidoyer pour l'égalité économique dans le couple[2]

Au terme de cet échange[3], le constat est sans appel: les inégalités économiques entre conjoints restent le tabou des familles modernes. Difficile combat que celui-ci, car il impose de remettre en cause des privilèges séculaires. Mais ce combat n'en est pas moins essentiel, pour offrir aux femmes indépendance et liberté de choix. Essentiel aussi pour construire des couples plus épanouissants, dont chaque membre se sente respecté.

Alors, ne baissons pas les bras! Continuons à dénoncer les injustices, à proposer des solutions, à montrer qu'un autre modèle est possible. Les mentalités évoluent, lentement

1. L'IA avait écrit: « lâcher ».
2. L'IA avait indiqué qu'il s'agit de la conclusion de ce texte.
3. L'IA avait écrit: « ouvrage ».

mais sûrement. À nous de faire mentir la célèbre formule : « En théorie, la théorie et la pratique, c'est la même chose. En pratique, ce n'est pas pareil[1]. » Passons de la théorie à la pratique de l'égalité économique dans tous les foyers !

1. Citation apportée par l'IA.

Postface
Rien d'autre qu'un outil

Benoît Raphaël

L'intelligence artificielle est un phénomène de foire. En novembre 2022, quand son représentant le plus séduisant, ChatGPT, a fait son apparition sur la scène internationale, le monde a été pris d'une véritable frénésie. En moins d'un mois, plus de cent millions d'utilisateurs se sont mis à échanger avec le chatbot. Mieux que TikTok et Facebook en leur temps : un record historique dans l'histoire de la technologie.

Les scientifiques avaient beau s'agacer de l'emballement jugé démesuré autour de ChatGPT – selon eux, la technologie n'ayant rien de révolutionnaire –, l'IA n'en finissait pas de séduire la planète. Les télévisions l'invitaient à commenter son propre succès ; sur les réseaux sociaux, des influenceurs enthousiastes interpellaient les foules à la manière des démonstrateurs de produits ménagers sur les marchés : l'éponge qui efface toutes les taches, le couteau qui coupe tout… À les entendre, ChatGPT savait tout faire : écrire à son banquier, rédiger un guide pour réussir sa vie, faire son business plan et même trouver une solution à ses problèmes de peau. À nouveau, des personnalités éminentes se sont mises à craindre pour l'avenir de l'humanité. Elles réclamaient cette fois une pause de six mois dans le développement de ces modèles surdoués. Allions-nous être remplacés ? L'IA finirait-elle par se lasser de ses créateurs et appuyer sur le bouton nucléaire ?

On avait beau faire remarquer que, si cette « intelligence artificielle » semblait avoir réponse à tout, elle se trompait tout de même souvent – si vous lui demandiez, par exemple, comment trouver des œufs de lapin, elle vous expliquait la marche à suivre avec un aplomb stupéfiant –, rien n'y faisait. On avait beau expliquer que la technologie derrière ces chatbots n'était qu'un algorithme qui générait des réponses statistiques et aléatoires, on avait beau indiquer que son danger résidait surtout dans la confiance qu'on pouvait lui donner, on avait beau démontrer qu'elle était incapable de raisonner… non, rien n'y faisait. Ces petits dérapages n'étaient que des erreurs de jeunesse dans la grande marche inexorable de l'IA vers ce point de bascule que certains appellent « l'intelligence artificielle générale ». C'est-à-dire une machine capable de rivaliser, voire de dépasser les capacités cognitives humaines. « On y est », disaient certains. OpenAI, la jeune entreprise à l'origine de l'IA phénomène, aurait même déjà dans ses cartons une nouvelle mise à jour qu'elle n'osait pas sortir de peur de semer la panique.

Ces cris d'effroi ont, paradoxalement, servi les intérêts des géants de la Tech aux commandes de ces IA. La menace hypothétique que ces IA feraient peser sur la survie de l'humanité méritait bien que l'on réglemente durement le marché, pour éviter la prolifération de nouveaux modèles d'IA. Et laisser le monopole de leur déploiement à quelques-uns.

À la décharge de notre ami ChatGPT, l'histoire de l'intelligence artificielle a toujours été nourrie d'imaginaire. Le fameux test de Turing, censé déterminer le point de bascule où la machine rivaliserait avec l'intelligence humaine, n'est au fond rien d'autre qu'un exercice d'illusionnisme. Imaginé par le mathématicien Alan Turing dans les années 1950, le test consiste à mettre une personne et un ordinateur derrière des écrans. Un autre individu pose des questions sans savoir qui est derrière chaque écran. Si elle n'arrive pas à distinguer l'ordinateur de l'humain, alors la machine a réussi le test. Elle est considérée comme possédant une intelligence artificielle avancée. ChatGPT a-t-il réussi ce test ? En quelque sorte – mais ses concepteurs lui imposent désormais de décliner sa nature d'entrée de jeu. Est-il intelligent pour autant ? Non. Mais le mal était fait.

Aussi, quand Denis Lafay est venu me parler de son projet d'écriture de livre, et qu'il m'a demandé si les outils d'intelligence artificielle pouvaient nous aider à le réaliser, j'ai été bien embêté.

L'IA peut-elle écrire un livre ? Oui. Ah, formidable ! Donc elle pourrait certainement écouter une table ronde entre d'éminents experts et en tirer une analyse de qualité sans se tromper ? Alors, oui, hum, enfin… oui et non. C'est là que les problèmes commencent. Et ils sont particulièrement intéressants à décortiquer, parce qu'ils sont autant de révélateurs sur les limites de ces technologies que sur leur véritable nature.

En septembre 2023, un nouveau scandale agitait internet et les médias autour de l'IA. Il s'agissait cette fois de l'apparition spontanée de livres sur Amazon consacrés à la mycologie. Des livres générés à 100 % par l'IA qui… poussaient comme des champignons. Mais surtout des livres qui contenaient des erreurs susceptibles d'être mortelles pour les utilisateurs. Cette histoire est contre-intuitive. Elle va à l'encontre de l'imaginaire véhiculé autour de l'intelligence artificielle dans la culture populaire : des monstres froids mais infaillibles, capables d'aller chercher la juste information dans la bonne base de données, et de réaliser des calculs complexes.

Or les IA génératives sont tout le contraire de ces IA imaginaires qui ont bercé ou terrifié notre enfance. D'abord, elles ne savent pas bien calculer. Et pour ne rien arranger, elles ont la mémoire courte. Après quelques milliers de mots, selon les modèles, elles oublient tout ce que vous vous êtes dit auparavant, ou presque. Un handicap bien ennuyeux lorsqu'il s'agit de leur faire écrire neuf chapitres d'un livre s'appuyant sur des notes de douze mille mots chacune ! Pour réaliser ce genre d'exploit, les utilisateurs d'IA sont obligés de « bricoler », même s'ils se gardent souvent de le dire. C'est un peu comme si on essayait de prendre une photographie de nuit avec un Polaroid. Il faut être un professionnel expérimenté pour y parvenir. Il faut bien connaître son appareil, et il faut en général tricher un peu. L'IA générative relève d'une même logique.

Parce que, au fond, ces outils d'IA dite générative ne sont que des outils. Et s'il s'avérait un jour qu'ils soient à même de raisonner comme des humains, ils n'en resteraient pas moins des outils, bien pratiques pour effectuer des tâches nécessitant le raisonnement. Ils n'en sont pas capables au moment où j'écris ces lignes, en raison de la nature de leur technologie, mais ils n'en sont pas moins très utiles pour d'autres tâches. À condition d'en connaître les limites et de toujours avoir un humain dans la boucle. Comme notre photographe avec son appareil.

Alors pourquoi ces IA sont-elles à la fois si performantes et si peu fiables ? Pour bien comprendre, il faut aller regarder « sous le capot ». Tout d'abord ChatGPT, par exemple, n'est pas exactement une IA au sens de la définition donnée par John McCarthy, qui en inventa le terme en 1956. Ainsi, il n'est pas capable d'apprendre de ses erreurs ; il est en réalité une interface très intuitive – ce qui explique son succès foudroyant – qui s'appuie sur une technologie d'IA appelée « grand modèle de langage » (*large language model*, ou LLM en anglais).

Mais qu'est-ce qu'un modèle de langage ? Il prédit le mot suivant d'une phrase ou remplit les mots manquants. Mon associé, Thomas Mahier, qui est ingénieur IA et… Normand, fait souvent référence à l'exemple suivant : « Si vous lui dites "Le mont Saint-Michel est en…", l'IA calcule le mot suivant le plus probable. Dans ce cas, le mot « Normandie » arrive en tête avec 60,64 %, contre 16,62 % pour France. Pour éviter qu'elle ne répète toujours la même information, on ajoute une dose de hasard. Pour éviter qu'elle ne fasse trop d'erreurs, et pour rendre ses réponses plus adaptées aux intentions de l'utilisateur, on rajoute une surcouche d'entraînement, appelée « *fine-tuning* » (« réglage fin » en anglais). Phase durant laquelle des annotateurs humains lui indiquent : « Ici tu t'es trompée » ou « Ici tu devrais répondre ça ».

Une fois ces modèles entraînés, ils sont lâchés dans la nature. Et sont alors capables de générer du texte à la demande, d'effectuer des synthèses, de traduire et même de proposer des idées intéressantes. La qualité parfois bluffante de leurs résultats leur vient d'une technologie inventée en 2017… par des chercheurs de Google. Ce modèle, baptisé « transformeur », permet à l'IA de porter son attention sur certains mots plutôt que sur d'autres, afin de mieux « comprendre » le contexte dans lequel ils sont utilisés. C'est la raison pour laquelle la technologie inhérente à ChatGPT est dénommée GPT-4 : « Generative

Pre-trained Transformer – 4e version ». C'est-à-dire un modèle de transformeur génératif préentraîné.

Ces modèles ont toutefois une limite : ils sont statistiques et aléatoires, et sont loin d'être infaillibles. Exemple : si leurs données d'entraînement sont nombreuses sur un sujet, mais contradictoires, leurs résultats peuvent varier. Plus les données sont concordantes, moins ils se trompent. Or ces IA ont été entraînées sur des millions de textes dénichés sur internet et sur des centaines de milliers de livres. Leur stabilité dépend donc en grande partie de la cohérence de leurs données. D'autre part, elles ne raisonnent pas, ne calculent pas, sauf si elles parviennent à reproduire un modèle de raisonnement depuis leurs données. Ce sont des modèles davantage « littéraires » que mathématiques. Une étude de 2022 montre que ces IA se trompent en moyenne quatre fois sur dix (contre une fois sur dix pour un expert du sujet).

Pour faire écrire un livre à une IA générative, il faut donc être très vigilant. La qualité de sa réponse dépend de son entraînement, mais aussi du contexte qu'on lui dessine. Ce contexte peut être un texte à transformer, une série d'informations, ou des instructions précises. Mais là encore le champ est limité. Ce contexte d'instructions dépend également de sa mémoire qui, nous l'avons vu, est très limitée. Et certainement pas suffisante pour un livre.

L'IA ne peut donc pas vraiment rédiger toute seule. Elle s'appuie sur des données qu'elle digère afin de les transformer en quelque chose de plus ou moins acceptable. Et comme elle oublie au fil de l'eau, elle a besoin qu'on lui rafraîchisse la mémoire ! La qualité de son résultat repose alors sur l'habileté de son copilote humain dans la composition et l'enchaînement de ses instructions. C'est ce qu'on appelle l'art du « prompt ». L'humain est constamment dans la boucle. Il doit être créatif et s'adapter aux contraintes de son outil.

Dans sa préface, Denis Lafay interroge le lecteur sur l'origine, sur l'identité même de son propos. Et tous les autres textes de ce livre, qui les a composés ? Les participants aux tables rondes, mon associé Thomas qui s'est chargé du prompt, ou le modèle d'IA qui a rédigé en suivant avec plus ou moins de discipline les instructions ? Avant de vous laisser méditer cette question, je vous donne un indice.

Dans une tribune publiée en août 2023 dans le magazine *The Atlantic*, Stephen King confie qu'il ne considère pas encore l'écriture artificielle comme une menace. L'auteur de fiction écrit qu'il n'a pas encore vu un seul texte d'IA qui soit meilleur que la somme de son matériel d'apprentissage. Pour autant, il ne s'oppose pas à l'utilisation de ses œuvres pour alimenter les systèmes d'IA. C'est comme si un ouvrier essayait d'arrêter le progrès industriel en « martelant un métier à tisser à vapeur », complète-t-il.

L'IA ne peut pas encore remplacer l'écrivain, mais est-ce le véritable débat ? L'œuvre se confond-elle avec l'outil de production ? Ne relève-t-elle pas plutôt de l'intention et de la vision de celui qui l'utilise ? La question reste ouverte. Avant que l'IA ne soit en mesure de remplacer les humains dans toutes leurs fonctions – ce qui demeure encore du domaine de la fiction, chère à Stephen King –, nos regards devraient plutôt se tourner vers les nouveaux rois de l'ère artificielle : des écrivains ou des essayistes qui sauront habilement manipuler et détourner à leur profit les outils d'IA. Ce sont peut-être ces centaures modernes qui produiront la prochaine génération d'œuvres littéraires.

Remerciements

Un tel livre est une expérimentation, et « doit » à chacun de ceux qui y participent.

Les débatteurs bien sûr : *Laurent Berger*, *Laurence Bertrand Dorléac*, *Boris Cyrulnik*, *Jean-François Delfraissy*, *Serge Guérin*, *Claire Hédon*, *Gaspard Kœnig*, *Titiou Lecoq*, *Asma Mhalla*, *Anthony Passeron*, *Charles Pépin*, *Salomé Saqué*, *Cédric Villani*,

et les précieux *Catherine Farin* et *Mathieu Souquière* à mes côtés pour animer les neuf heures de dialogues.

Manon Viard (directrice générale des éditions de l'Aube), *Jean-Christophe Tortora* et *Tatiana de Francqueville* (présidente et directrice générale de *La Tribune*), *Benoît Raphaël* et *Thomas Mahier* (cofondateurs de Flint), réunis par un même goût de l'audace.

Tous ceux (théâtre des Célestins, Ville de Lyon, Métropole de Lyon, Orange, Crédit Agricole Centre-Est, HEIP, Agrica, Institut Mérieux, S4S Payroll Management, Groupe LIP, Viatris, IT partner, HR-ITConsulting) auxquels « Une époque formidable » doit d'exister dans l'exigence, l'indépendance, l'intégrité éditoriales qui la caractérisent.

Table des matières

Introduction. Demain, à quoi vais-je servir ?,
Denis Lafay 7
Méthodologie
Benoît Raphaël 27
Cette jeunesse qui nous veut du bien
Avec Serge Guérin et Salomé Saqué 33
Démocratie, je veux te sauver
Avec Laurent Berger et Jean-François Delfraissy 51
Après une phase d'analyse de la table ronde,
nous avons interrogé l'IA 69
Technologies, on n'a encore rien vu
Avec Asma Mhalla et Cédric Villani 73
Justice et liberté, droits et devoirs : le casse-tête
Avec Claire Hédon et Gaspard Kœnig 89
Vive le passé !
Avec Boris Cyrulnik et Charles Pépin 107
L'art, l'acte politique par excellence
Avec Laurence Bertrand Dorléac et Cédric Villani 123
VIH/sida, tant de leçons quarante ans plus tard
Avec Jean-François Delfraissy et Anthony Passeron... 135

Le couple et l'argent : Titiou Lecoq brise le tabou
Avec Titiou Lecoq 153
Postface. Rien d'autre qu'un outil
Benoît Raphaël 167
Remerciements 177

Dans la même collection

Laurent Berger, *Au boulot !*
Laurent Berger, *Quelle société veut-on ?*
Éric Dupond-Moretti, *Le droit d'être libre*
Axel Kahn, *L'éthique dans tous ses états*
Étienne Klein, *Sauvons le Progrès*
Denis Lafay, *Maintenant, on fait quoi ?*
Denis Lafay, *Où va-t-on ?*
Denis Lafay, *Un éloge de la fragilité*
Yves Michaud, *Aux armes citoyens !*
Robert Misrahi, *Petit manuel de bonheur l'usage des entrepreneurs… et des autres*
Edgar Morin, *Le temps est venu de changer de civilisation.* Illustrations de Pascal Lemaître
Edgar Morin, Pierre Rabhi, *Frères d'âme*
Pascal Picq, *Crise, et si c'était notre chance ?*
Alain Touraine, *Macron par Touraine*
Michel Troisgros, *Le plaisir de faire plaisir*
Jean Ziegler, *Les murs les plus puissants tombent par leurs fissures*

Pour limiter l'empreinte environnementale de leurs livres,
les éditions de l'Aube font le choix de papiers
issus de forêts durablement gérées et de sources contrôlées.

Achevé d'imprimer en décembre 2023
sur les presses de l'imprimerie Firmin-Didot
pour le compte des éditions de l'Aube
331, rue Amédée-Giniès, F-84240 La Tour-d'Aigues

Numéro d'édition : 5930
Dépôt légal : janvier 2024
Numéro d'impression : 177694

Imprimé en France